깨침과 사랑

ANTHONY DE MELLO
REDISCOVERING LIFE
Awaken to Reality

© 2012 by Center for Spiritual Exchange, Inc.
This translation published by arrangement with Image Books, an imprint of
the Crown Publishing Group, a division of Random House, Inc., New York.
All rights reserved.

Translated by MIN Je-Young
Korean translation copyright © 2016 by Benedict Press, Waegwan, Korea.
Korean translation rights arranged with The Crown Publishing Group
through EYA(Eric Yang Agency).

깨침과 사랑

2016년 8월 18일 교회 인가
2016년 10월 6일 초판 1쇄
2018년 7월 20일 초판 3쇄

지은이	앤소니 드 멜로
옮긴이	민제영
펴낸이	박현동
펴낸곳	성 베네딕도회 왜관수도원 ⓒ 분도출판사
찍은곳	분도인쇄소

등록	1962년 5월 7일 라15호
주소	39889 서울 중구 장충단로 188 분도빌딩 102호(분도출판사 편집부)
	39889 경북 칠곡군 왜관읍 관문로 61(분도인쇄소)
전화	02-2266-3605(분도출판사) · 054-970-2400(분도인쇄소)
팩스	02-2271-3605(분도출판사) · 054-971-0179(분도인쇄소)
홈페이지	www.bundobook.co.kr

978-89-419-1618-5   03230

이 책의 한국어판 저작권은 EYA(Eric Yang Agency)를 통해 The Crown Publishing Group과 독점
계약한 분도출판사에 있습니다. 저작권법에 의해 한국 내에서 보호를 받는 저작물이므로 무단 전재
와 무단 복제를 금합니다.

앤소니 드 멜로 **Anthony de Mello**
민제영 옮김

rediscovering life

깨침과 Awaken to Reality 사랑

분도출판사

제자가 스승에게 물었다.
"왜 저에게 행복의 비밀을 숨기셨습니까?"
"너는 새의 노랫소리를 들었느냐?"
제자는 "예" 하고 대답했다.
스승이 말했다.
"이제 너는 내가 너에게 아무것도
숨기지 않았다는 것을 알겠구나."
제자는 "예" 하고 대답했다.

서문

 어떤 책이 삶을 실제로 변화시키는 일은 흔치 않습니다. 하지만 이 책이 바로 그러한 책입니다.
 1984년 포담 대학교와 협의하여 위성으로 중계된 토니의 피정에 기초한 이 책은 이야기꾼으로서 그의 은사를 동시대 청중에게 다시 한 번 각인시켰습니다. 토니의 이야기에는 평화와 수용과 연민과 깨달음에 대한 메시지가 담겨 있습니다.
 독자가 열여섯이든 환갑이든 토니의 지혜로운 이야기를 몇 살에 읽기 시작하는지는 중요하지 않습니다. 어디서부터 읽는지, 한 번에 몇 쪽을 읽는지도 문제가 되지 않습니다. 그의 이야기에는 풍성한 지혜가 넘쳐 납니다. 그리고 이 지혜는 우리의 성장이 점차로 이루어지지만, 때로는 곧바로 성장할 수도 있다는 것을 알려 줍니다. 이따금 느닷없이 깨면 모든 것이 다르게 보일 수 있습니다.

　이 책에 나오는 이야기를 따라 지내 보기를 권합니다. 계산대에서 기다리는 동안이나 교통 체증 때, 또는 횡단보도에서 기다리는 시간 등 때와 장소에 따라서 그 이야기들이 여러분의 마음에 들어오도록 수용하길 바랍니다. 행복하게 산다는 것과 영속적인 평화를 체험한다는 것이 무엇을 의미하는지 재발견할 수 있기 바랍니다.

　버림받은 연인이 말했다. "전 깊은 상처를 입었습니다.
　다시는 결코 사랑에 빠지지 않겠습니다."
　스승이 말했다. "너는 마치 제 스스로 난로 위에 앉아서
　화상을 입고서는 다시 앉기를 거부하는 고양이 같구나."

　삶에서 우리가 소비하는 가장 값진 것은 다름 아닌 **시간**입니다!
　불행하게 지내느라 또 다른 1초의 시간도 허비하지 않기를!

드 멜로-스트라우드 영성 센터 임원
조너선 갈렌테 · 데스먼드 토이

~→◊←~

여러분에게 저의 계획을 말하는 것으로 시작하겠습니다. 주제는 삶의 재발견입니다.

십여 년 전 저는 중요한 무언가를 발견했고 그것은 저의 삶을 완전히 바꾸어 놓았습니다. 그것은 저의 삶에 일대 변혁을 일으켰습니다. 저는 새로운 인간이 되었습니다. 바로 그것에 대해 여러분과 이야기를 나누려고 합니다. 특별한 방식으로 이것을 여러분과 나누게 되어 무척 기쁩니다. 어쩌면 여러분은 "어떻게 겨우 10년 전에야 이 소식을 들을 수 있었습니까? 전에는 복음서를 읽지 않았습니까?"라고 제게 말할지도 모르겠습니다. 물론 저는 전에도 복음서들을 읽었습니다. 그러나 그것을 보지는 못했습니다. 그것은 바로 그곳에 있었지만, 저는 보지 못했습니다.

그것을 발견하고 나서 훗날 모든 주요 종교 저작들 속

에 그것이 있음을 알고 놀랐습니다. 저는 그것을 읽고 있었으나 알아채지 못하고 있었습니다. 하느님께 제가 좀 더 젊었을 때 이것을 깨우쳐 주셨기를 바랐습니다. 그랬다면 정녕 큰 차이를 만들어 냈을 것입니다.

그러면, 제가 그것을 여러분에게 전하는 데 얼마나 걸릴까요? 하루 온종일? 정직하게 말하자면, 2분도 걸리지 않을 것입니다. 그러나 그것을 파악하거나 손에 넣는 데 걸리는 시간은 누구도 모릅니다. 20년이나 15년, 10년 또는 10분, 아니면 하루나 사흘? 이 기간은 여러분에게 달려 있습니다.

저의 첫 발견 후 몇 해 동안 다양한 사람들은 자기들의 삶이 혁명적으로 바뀌었다고 말했습니다. 그렇게 많은 사람은 아닙니다. 이런 말을 해서 미안하지만, 극소수입니다. 저의 말을 경청하는 청중 천 명 중에서 한 사람이 그것을 듣는다면 꽤 높은 수치라고 생각합니다. 듣기 어려운 것일까요? 이해하기 어려운 것일까요?

너무도 단순해서 일곱 살 어린이도 이해할 수 있습니다.

놀랍지 않습니까? 사실 지금 생각해 보면, **내가 왜 그것을 못 보았지?**라는 의문이 듭니다.

저도 모릅니다. 제가 그것을 보지 못한 이유를 몰라요, 아무튼 저는 보지 못했습니다. 아마도 여러분 중 한두 분은 오늘 그것을 보게 되거나 그것의 일부를 볼 수 있을지 모릅니다. 여러분이 그것을 보기 위해 필요한 것은 무엇일까요? 단 한 가지, 듣는 능력입니다. 그것이 전부입니다. 여러분은 들을 수 있습니까? 만일 그렇다면 그것을 얻을 수 있을지 모릅니다.

듣는 일은 지금 여러분이 생각하는 것처럼 그리 쉬운 일이 아닐 수도 있습니다. 왜냐고요? 우리는 항상 고정관념과 고정된 입장과 고정된 선입견을 가지고 듣기 때문입니다. 그러나 듣는다는 것은 곧이곧대로 믿는 것이 아닙니다. 그런 사람은 잘 속아 넘어갑니다. "오, 그가 그렇게 말하니 나도 그렇게 해야지."

저는 여러분이 어떤 신심적인 태도를 지니고 제 이야기를 듣지 않기 바랍니다. 신앙에 대한 교회와 성서의 가르침을 지킬 수 있지만, 아무런 의심 없이 저를 받아들이지 마시라는 뜻입니다. 제가 하는 모든 말에 의문을 제기하고, 그것에 대해 생각하고, 저에게 응수하기 바랍니다. 제가 이야기하는 도중이라도 자유롭게 그렇게 하십시오. 언제든

손을 들어 질문해 주시기 바랍니다.

그러나 듣는 일이 공격한다는 것을 의미하지는 않습니다. 제가 말하려는 것이 너무도 새로워서 여러분 중 몇 사람은 제가 정신 나갔고 미쳤다고 생각할지 모릅니다. 그렇다면 여러분은 공격하고 싶은 유혹을 느끼게 될 것입니다. 만일 맑스주의자에게 맑시즘에 무언가 잘못된 것이 있다고 말한다면, 그의 첫 반응은 여러분을 공격하는 일이 되기 쉽습니다. 자본주의자에게 자본주의에 잘못된 것이 있다고 말한다면 그는 격분하기 쉽습니다. 미국인에게 "이봐, 미국이 좀 잘못되었다는 건 너도 알지?"라고 하거나, 인도인에게 인도를 공격해도 비슷한 상황이 벌어질 것입니다.

듣는다는 것은 곧이곧대로 받아들인다는 뜻이 아니고, 공격한다는 뜻도 아닙니다. 동의한다는 뜻도 아닙니다.

크게 성공한 예수회 장상에 대한 이야기를 들어 본 적이 있습니까? 사람들은 그에게 "장상으로서 어떻게 그런 큰 성공을 이룰 수 있었습니까?"라고 묻곤 했습니다.

그분은 이렇게 대답했습니다. "아주 쉬워요. 아주 간단한 이치입니다. 저는 모든 이에게 동의합니다. 그냥 모든 사람에게 동의할 뿐이지요."

그러면 사람들은 말합니다. "황당한 이야기 하지 마세요. 어떻게 모든 사람에게 동의하면서 훌륭한 장상이 될 수 있습니까?"

그러면 이렇게 답할 것입니다. "맞습니다. 모든 사람에게 동의하면서 어떻게 훌륭한 장상이 될 수 있겠습니까?"

그러므로 저의 말을 듣는다는 것은 저에게 동의한다는 뜻이 아닙니다. 여러분은 저에게 동의하지 않고도 들을 수 있습니다. 놀랍지 않습니까? 듣는다는 것은 깨어 있다는 것을 의미합니다. 깨어 있으십시오. 지켜보십시오. 맑은 정신으로 들으십시오. 선입견과 고정관념 없이 맑은 정신으로 듣는 일은 쉽지 않습니다.

바로 어제 어떤 분이 저에게 이야기 하나를 들려주었습니다. 여러분도 "하루에 사과 한 개씩 먹으면 의사를 멀리 할 수 있다"는 유명한 속담을 알고 있겠죠? 글쎄 한 사내가 의사의 아내와 바람이 난 상태였는데 매일 사과를 하나씩 먹고 있었답니다. 아주 잘못 알아들은 것이죠. 완전히 오해한 것입니다! 그는 고정관념으로 살아가고 있었습니다. 이해하시겠죠? 이러한 것이 고정된 입장입니다.

최근에는 알코올중독에 빠진 본당 신자에게 술을 끊도

록 설득해야 하는 어느 신부에 대한 이야기를 들었습니다. 신부는 순수한 알코올을 준비한 다음 벌레를 집어서 술잔에 빠뜨렸습니다. 불쌍한 벌레는 꿈틀거리다가 죽고 말았습니다. 그리고 본당 신자에게 묻습니다. "요한, 무슨 뜻인지 알겠죠?"

요한은 이렇게 말합니다. "예, 신부님. 무슨 뜻인지 알겠어요. 배 속에 벌레가 들어갈 경우 그 벌레를 죽일 수 있는 것이 바로 알코올이란 말이겠죠." 그렇습니다. 요한은 나름대로 메시지를 받아들였습니다. 그러나 듣고 있지 않았습니다. 그는 정말로 듣고 있지 않았어요.

어느 신부가 듣지 않았던 사례도 알고 있습니다. 한 사람이 본당신부를 만나러 갑니다. 본당신부는 신문을 읽고 있었고 방해받고 싶지 않았습니다. "신부님, 실례합니다." 신부는 귀찮게 느꼈고, 방문객을 무시했습니다. "실례합니다, 신부님."

"무슨 일이죠?"

"신부님, 왜 관절염에 걸리는지 말씀해 주시겠어요?"

귀찮았던 신부가 말합니다. "왜 관절염에 걸리느냐고요? 음주가 관절염을 일으킵니다. 행실 나쁜 여인네들과 놀아나면 관절염에 걸려요. 도박도 관절염을 일으키지요. 근데 왜 묻소?"

방문객이 대답했습니다. "신문에서 보았는데 교황님이 관절염에 걸리셨다고 해서요."

신부는 듣고 있지 않았습니다. 이해하시겠습니까? 만일 여러분이 지금까지 들었던 거의 모든 것에 거스르는 것, 무언가 새롭거나 단순하거나 예기치 못한 것에 대해 경청할 준비가 되어 있다면, 그렇다면 여러분은 제가 하는 말을 들을 수 있을지 모릅니다.

어쩌면 여러분은 그것을 얻을 수 있습니다.

예수께서 기쁜 소식을 가르치셨을 때 그분이 공격당한 이유는, 그 가르침이 기쁜 소식이었기 때문만이 아니라, 동시에 **새로운** 가르침이기도 했기 때문이라고 생각합니다. 우리는 어떤 것이든 새로우면 증오합니다. '나는 새로운 모든 것을 싫어합니다. 저에게는 익숙한 옛것을 주십시오.' 우리는 새로운 것을 좋아하지 않습니다. 새로운 것은 우리를 지나치게 방해합니다. 지나치게 자유롭게 합니다. 듣는 능력도 마찬가지입니다. 부처님은 이를 아름답게 진술했습니다. "비구들과 학자들이여, 나의 말을 존경심만으로 받아들이지 말고 금세공인이 금을 분석하듯이, 자르고 벗기고 문지르고 녹여서 제대로 분석해야 합니다." 여러분은 저의 말을 존경심만으로 받아들여서는 안 되며, 금세공인이 금을 분석하듯이 자르고 분석해야 합니다. 아시겠습니까? 자르고 벗기고 문지르고 녹이십시오. 좋습니다. 이제 이 점은 분명해졌을 것입니다.

우리가 삶이라고 부르는 이 물건은 무엇일까요? 세상을 바라보십시오. 그다음에 저는 여러분 자신의 삶을 바라보도록 초대할 것입니다. 세상을 바라보십시오. 도처에 가난이 있습니다. 최근에 저는 미국에서 약 3천3백만 명이 빈곤선 아래에서 살고 있다는 미국 주교들의 주장을 뉴욕타임스에서 읽었습니다. 만일 여러분이 그것을 가난이라고 생각한다면 다른 나라로 가서 불결하고 더럽고 비참한 사람들을 보십시오. 여러분은 그것을 삶이라고 부릅니까?

여러분에게 알려 드릴 것이 있습니다. 저는 그러한 곳에도 삶이 있다는 것을 보여 줄 수 있습니다. 12년 전의 일입니다. 콜카타에서 한 인력거꾼을 소개받았습니다. 말이 끄는 마차가 아니라, 사람이 끄는 인력거에 오른 것은 끔찍한 경험이었습니다. 일단 인력거를 끌기 시작하면 이 가난한 사람들이 살아갈 수 있는 날은 10년에서 12년 정도밖에 안 됩니다. 그들은 오래 살지 못합니다. 결핵에 걸려 일찍 죽습니다.

그의 이름은 람찬드라였습니다. 람찬드라는 결핵에 걸려 있었습니다. 당시 한 작은 집단은 사람의 두개골을 수출하는 불법 행위에 연루되어 있었고, 정부는 결국 이들을 붙잡았습니다. 그들은 무슨 짓을 했던 것일까요? 그들은 사람들이 살아 있는 동안에 두개골을 삽니다. 아주 가난한 경우에는 그들에게 가서 10달러 정도를 받고 자기 두개골을 파는 것입니다.

그래서 이 업자들은 인력거꾼들에게 물어보곤 했습니다. "길거리에서 얼마나 일했나요?" 람찬드라 같은 사람이라면 "10년"이라고 대답했을 것입니다.

그러면 업자는 "**그는 살아갈 날이 얼마 안 남았어**"라고 생각할 것입니다. "좋아요, 여기 돈이 있습니다." 그 후 인력거꾼이 죽으면 그들은 시신을 덮쳐서 빼돌리고, 시신을 분해하여 두개골을 손에 넣습니다.

람찬드라는 자기 두개골을 이미 판 상태였고 그 정도로

가난했습니다. 그에게는 아내와 자식들이 있었습니다. 그는 불결하고 더럽고 비참했으며 불확실한 상태에 있었습니다. 이러한 상황이라면 여러분은 결코 행복을 발견할 수 있으리라고 생각하지 못할 것입니다. 그렇죠? 그러나 그를 괴롭히는 것은 아무것도 없어 보였습니다. 아무것도 그를 실망시키는 것처럼 보이지 않았습니다. 제가 그에게 물어보았습니다. "실망스럽지 않습니까?"

그는 제게 "무엇에 대하여 말입니까?"라고 말했습니다.

"알잖아요, 당신의 미래와 자식들의 미래에 대하여."

"글쎄요, 저는 최선을 다해서 살고 있지만 나머지는 하느님 손에 달려 있지요."

"이봐요, 지금 결핵에 걸리셨잖아요? 그것 때문에 고통스럽지 않습니까?"

"조금요. 삶이 다가오면 받아들여야죠."

저는 그가 기분 나쁜 상태에 빠져 있는 것을 한 번도 본 적이 없습니다. 저는 이 사람과 말하면서 한 신비가의 현존 앞에 있다는 것을 갑자기 깨닫게 되었습니다. 저는 삶의 현존 앞에 있었습니다. 바로 거기에 삶이 있었습니다. 그는 살아 있었습니다. 저는 죽어 있었습니다.

예수의 아름다운 말씀을 기억하시나요? 하늘의 새들을 눈여겨보십시오. 들의 꽃들을 관찰해 보십시오. 그것들은 수고하지도 않고 물레질하지도 않습니다. 그것들은 미래에 대해 단 한 순간도 걱정하지 않습니다. 여러분과 다릅니다. 람찬드라는 바로 여기에 있었습니다. 제가 알던 인력거꾼은 지금쯤 죽었을 것입니다. 저는 콜카타에서 아주 잠깐 그를 만났고 제가 살던 인도 남쪽으로 갔습니다. 그에게 무슨 일이 있었는지 저는 모릅니다. 그러나 제가 한 신비가를 만났다는 것은 알고 있습니다. 그는 비범한 사람이었습니다. 삶이 무엇인지 알아챘던 사람이었습니다. 그는 삶을 재발견했습니다.

인간의 지성이라는 물건은 놀라운 것입니다. 컴퓨터를 발명해 냈고 원자를 쪼갰으며 우주 공간으로 우주선을 내보내기도 했습니다. 그러나 지성은 아직 인간의 고통과 괴로움, 외로움과 공허함과 절망의 문제를 해결하지 못했습니다. 여러분 대다수는 젊지만, 저는 여러분들이 외로움과 마음의 병과 공허감과 우울증과 절망감을 모른다고 생각하지 않습니다. 우리는 어쩌다가 이들에 대한 해결책을 찾아내지 못한 것일까요?

우리는 온갖 종류의 기술적 진보를 이루어 냈습니다. 그러나 우리의 삶의 질이 손톱만큼이라도 나아졌습니까? 제 의견을 알고 싶으신가요? 아닙니다. 손톱만큼도 나아지지 않았어요. 아, 우리는 좀 더 안락해졌습니다. 더 빨라졌습니다. 쾌락과 오락, 그건 그런대로 괜찮아요. 교육을 더 받았고 기술적 진보도 더욱 훌륭해졌습니다. 제가 말하려는 것은, 과연 외로움과 공허감과 마음의 병을 없애는 일에서 조금이라도 향상되었는가? 하는 물음입니다. 탐욕과 미움과 갈등을 없애는 일이 조금이라도 나아졌습니까? 덜 싸우게 되었습니까? 덜 잔인해졌나요? 오히려 더욱 악화되었다는 것이 저의 생각입니다.

비극이라고 할 수 있는 것은, 저도 10여 년 전에 깨우쳤듯이, 비밀이 발견되어 왔다는 사실입니다. 그런데 왜 우리는 그 비밀을 사용하지 않을까요? 왜냐하면 우리가 그것을 원치 않기 때문입니다. 이유는 바로 여기에 있습니다. 믿을 수 있겠습니까? 우리는 그것을 원치 않습니다. **우리는 그 비밀을 원하지 않습니다**. 누군가에게 제가 다음처럼 하는 말을 상상할 수 있겠습니까? "이봐, 이제 내가 남은 생애 동안에 너를 행복하게 만들어 줄 처방을 알려 줄게. 넌 이제

부터 일분일초 매 순간을 즐기게 될 거야." 제가 여러분에게 이 말을 한다고 상상해 보십시오.

좋습니다. 오늘 여러분에게 그것을 말하려고 합니다. 그 처방을 알려 드리고자 합니다. 여러분은 여러분 중 대다수가 무엇을 하려는지 알고 있나요? 벌써부터 여러분을 무례하게 대해서 미안합니다만, 괜찮습니까? 그러나 만일 여러분이 제가 지금까지 만나 왔던 청중과 비슷하다면, 여러분이 어떻게 할 것인지 아시겠습니까? 여러분은 이렇게 말할 것입니다. "그만두세요. 저에게 말하지 마세요. 멈추세요. 저는 그것을 듣고 싶지 않습니다." 사람들은 그것을 듣고 싶어 하지 않습니다. 그리고 여러분은 심지어 그것을 받아들일 필요도 없습니다. 제가 이것을 여러분에게 곧 보여 드리겠습니다.

내려놓음과 행복

6개월 전 저는 세인트루이스에서 한 워크숍을 진행하고 있었습니다. 한 사제가 제게 와서 이런 말을 했습니다. "신부님, 저는 신부님이 사흘 동안 말한 모든 것을 그대로 받아들입니다. 왜 그런지 아세요? 자르고 벗기고 문지르고 분석하라는 신부님의 요구를 이행한 때문이 아닙니다. 아니에요. 3개월 전에 저는 죽음이 임박한 어느 에이즈 희생자를 도와주었습니다. 그 남자가 제게 말하더군요. '신부님, 6개월 전에 의사 선생님이 제가 살 수 있는 날이 6개월이라고 말했습니다.'" 그 남자는 죽어 가고 있었습니다.

"'의사 선생님은 제게 정확히 6개월을 살 수 있다고 말했고, 저는 그분을 믿었습니다. 신부님, 있잖아요, 그 6개월은 제가 낭비한 전체 삶에서 가장 행복한 시간이었습니다. 가장 행복한 시간이었어요. 사실 전 그 6개월 이전까지 결코 행복해 본 적이 없어요. 저는 행복을 발견했습니다.' 그는 이렇게 말했어요. '의사 선생님이 저에게 그 말을 하자마자 전 긴장과 억압과 걱정과 희망을 내려놓았습니다. 그러나 절망에 빠진 것이 아니라 결국 행복에 빠져들었습니다.'" 그리고 그 사제는 이런 말을 했습니다. "신부님, 저는 그 사내의 말을 여러 차례 묵상해 왔습니다. 이번 주말에 신부님의 이야기를 들었을 때 전 **그 사내는 다시 살아난 것**이라고 생각했습니다. 신부님의 이야기는 그 사내가 말했던 것과 정확히 똑같습니다." 여기에 비밀을 간직한 사람이 있습니다. 여기에 그 비밀을 발견한 사람이 있습니다.

그 처방이 여기에 있습니다. 여러분은 지금 바로 여기에서 그 처방을 들었습니다. 이 처방전은 필리피서에도 나옵니다. "사실 나는 어떤 처지에서도 자족하는 법을 배웠습니다. 나는 궁핍하게 살 줄도 알고 풍족하게 살 줄도 압니다. 배부르거나 배고프거나, 풍부하거나 궁핍하거나 나는 어떤 일, 어떤 경우에도 적응할 수 있는 비결을 가지고 있습니다."

곧, "나는 어떤 처지에서도 자족하는 법을 배웠습니다. 배부르거나 배고프거나, 풍부하거나 궁핍하거나 어떤 일, 어떤 경우에도 적응할 수 있는 비결을 가지고 있습니다". 바오로 사도는 이 말에 앞서 이렇게도 말합니다. "주님 안에서 항상 기뻐하시오. 또다시 말하지만 기뻐하시오." 저는 콜카타의 람찬드라를 생각합니다. 세인트루이스의 에이즈 환자를 생각합니다. 사도 바오로는 이에 대해 말하고 있습니다. 저는 평생 이 말씀을 읽었지만 결코 이해해 본 적이 없습니다. 이 말씀은 저의 얼굴을 뚫어지게 응시하고 있었습니다. 저는 그것을 이해하지 못했습니다.

삶을 낭비한 당신, 아직 늦지 않았다

좋아요. **여러분이 그 비결을 원한다**고 가정해 봅시다. **여러분이 그 비결을 이해하길 원한다**고 가정합시다. 여러분은 무엇을 해야 할까요? 여러분은 우선 여러분 자신에 대한 몇 가지 진실을 이해해야만 합니다.

여러분 자신에 대해 무엇을 이해해야 할까요? 첫째, 여러분의 삶이 엉망이라는 것입니다. 그러면 사람들은 제게 말할 것입니다. "제 삶이 엉망이라니 무슨 뜻입니까? 학업성적은 제법 좋고 훌륭한 부모도 계십니다. 가족과 좋은 관계를 유지하고 있어요. 이성 친구도 있고요. 모두가 저를 좋아합니다. 운동도 잘하며, 제 앞에는 아주 멋진 미래가 펼쳐져 있어요."

"오, 그래요?"

"예."

"당신은 자기 삶이 엉망이 아니라고 생각하나요? 좋습니다. 나에게 말해 보세요. 엄정하게 시험할게요. 외로움을 느껴 본 적이 있나요? 마음의 병은? 그 어떤 것에라도 실망을 느껴 본 적이 있습니까?"

"신부님의 말은, 실망하지 않아야 한다는 뜻인가요?"

"신부님은 정직하고 선명하고 명확한 대답을 원하시는 건가요?"

"그래요."

"아니요, 실망한 적이 있습니다."

"그러니까, 그 어떤 것에라도 실망한 적이 없느냐는 물음인가요?"

"그래요. 제가 말했잖아요."

"그만두세요. 더 이상 듣고 싶지 않습니다."

제가 뜻하는 바를 아시겠습니까? 저와 대화한 이 사람은 어떤 이론을 가지고 있습니다. 인간이라면 실망해야 하고, 그렇지 않으면 인간이 아니라는 이론입니다. 좋아요. 계속 실망하면서 살아가세요. 행운을 빕니다. 그럼 안녕히.

아시겠지만, 제가 자주 인용하는 아름다운 격언이 있습니다. "돼지에게 노래를 가르치지 말라. 너의 시간을 낭비하고 돼지를 귀찮게 할 뿐이다." 저는 이 교훈을 아주 어렵게 배워야 했습니다. 저는 돼지들에게 노래 가르치는 일을 그만두었습니다. 여러분은 제가 말하는 것을 듣고 싶지 않죠? 그럼 됐습니다. 논쟁할 일이 없습니다. 그러나 저는 설명하고 명확하게 할 준비가 되어 있습니다. 왜 논쟁하려 합니까? 그것은 가치가 없습니다.

어떤 내면의 갈등으로 고통을 겪어 본 적이 있나요? 없습니까? 여러분이 맺은 모든 관계는 다 잘 이루어지고 있습니까? 그런가요? 여러분은 삶의 매 순간을 즐기고 있나요? 글쎄 꼭 그렇지는 않다고요? 저의 말을 이해하시겠습니까? 이봐요, 잠깐만요. 육화 — 예, 예. 알겠습니다. 그럼 안녕히. 또 봐요. 논쟁할 이유가 어디 있나요? 저는 여러분과 논쟁하는 데 관심이 없습니다. 왜냐하면 전 제가 하던 일을 처음부터 쭉 알고 있기 때문이에요. 전 논쟁하는 데 관심이 없습니다. 여러분은 여러분의 삶이 엉망이라는 사실을 직면하거나 직면하지 못할 거예요. 여러분은 직면하는 것을 원하지 않습니다. 저는 여러분에게 말할 게 아무것도 없어요.

"여러분의 삶이 엉망이다"라는 말은, 여러분이, 적어도 때로는, 마음의 병의 희생자라는 뜻입니다. 여러분은 외로움을 느끼죠. 공허함이 여러분을 응시하고 있습니다. 여러분은 겁먹었어요.

"내가 겁을 먹어요?"

"예, 여러분의 삶은 엉망이에요."

"우리는 겁을 먹지 말아야 한다는 뜻입니까?"

"그렇습니다. 여러분은 겁을 먹지 말아야 합니다."

"무엇에 대하여 말인가요?"

"그 어떤 것에 대해서도요."

"그러나 무함마드는…."

"미안하지만 무함마드에 대해서는 나중에 이야기할 거예요. 좋습니까? 우선 여러분에 대해 이야기하죠."

두려움 없음. 여러분은 이 말의 의미를 모릅니다. 그런데 슬픈 일은, 그것을 여러분이 가능하다고 생각하지 않는다는 점입니다. 그러나 두려움이 없는 상태에 이르는 것은 너무도 쉽습니다. 사람들이 여러분에게 그것이 가능하지 않다고 말했기 때문에 여러분은 그것을 찾으려고 시도해 본 적도 없습니다. 그러나 그것은 바로 여기에, 성서 전편에 있어요. 여러분은 그것을 보지 못할 것입니다. 왜냐하면 사람들이 여러분에게 그것이 가능하지 않다고 말했기 때문이지요.

여러분은 미래에 대해 불안을 느낍니까? 어떤 근심과 걱정과 실망의 전조를 느낍니까? 그렇다면 여러분의 삶은 엉망입니다. 엉망인 삶을 깨끗하게 하고 싶나요? 여러분이 얼마나 준비되었는가에 달려 있지만, 제가 5분 안에 깨끗이 해 드리겠습니다. 여러분은 의자에서 일어날 필요도 없어요. 여러분이 앉은 상태에서 5분 안에 깨끗하게 할 수 있습니다. 정말로 그래요. 이것은 판매 술책이 아닙니다. 너무도 단순하며 지극히 중대해서 사람들은 놓쳐 버립니다. 여러분은 손에 쥘 수 있습니다.

여러분은 남아프리카에서 다이아몬드 광산을 어떻게 발견했는지 아십니까? 아주 재미있는 이야기입니다. 저는 얼마 전에 그것을 읽었습니다. 어떤 백인 사내가 남아프리카의 마을에서 추장의 오두막에 앉아 있었습니다. 그는 아이들이 조약돌 같은 것들을 가지고 노는 것을 봅니다. 그것들이 보통 조약돌과 아주 다르다는 것을 안 다음 그의 가슴은 요동을 칩니다. 그것들은 다이아몬드였습니다. 그가 집어 든 것은 다이아몬드였습니다.

그래서 그는 마을 추장에게 가서 말합니다. "이런 조약돌들 좀 주실 수 있나요? 내 아이들도 집 뒷마당에서 이런 것을 가지고 노는데 여기 것들은 조금 달라 보이네요. 조금만 주시면 대신에 담배 한 주머니 드릴게요."

추장은 웃습니다. "이봐요, 그건 백주의 날강도와 같은 짓이에요. 이것들 때문에 담배를 받는다면 진짜 도둑질이 될 겁니다. 그런 돌들은 여기 아무 데나 널려 있어요." 그래서 추장은 한 바구니를 줍니다. 그 사내는 그곳을 떠난 후 많은 돈을 들고 다시 돌아와서 그 지역의 땅을 전부 삽니다. 그는 10년도 안 되어 세상에서 가장 부유한 사람이 되었습니다.

이 이야기는 비유가 될 수 있습니다. 비극적이고 고통스러운 이야기입니다. 저는 저의 지난 삶을 되돌아보면서 **왜 나는 내 삶을 낭비했던가?** 하고 생각합니다. 사목 활동, 신학적 모험, 전례… 기타 등등, 온갖 종류의 훌륭한 일들로 말입니다. 우리 사제들은 하느님에 대한 일에 전념하면 할수록 하느님이 어떤 분인지 잊어버리기 쉬우며, 더욱 자기만족적으로 되기 쉽습니다. 이것은 예수에 대한 이야기입니다. 누가 예수를 없애 버렸다고 생각하십니까? 사제들입니다. 달리 누구이겠습니까? 종교적인 사람들이었습니다. 이것이 바로 복음서가 던지는 공포입니다. 이해하시겠습니까?

지금 저는 **내 삶을 낭비했다**고 생각합니다. 그러나 전

단 1분도 후회하지 않습니다. 단 1분이라도 과거를 후회하는 데 낭비할 이유가 어디 있겠습니까? 그러나 흔들릴 수 없는 사실은 제가 삶을 낭비했다는 것입니다. 아직 날이 어두워 뭐가 뭔지 분별이 잘 안 되는 이른 아침에 고기를 잡으러 간 어부 이야기가 생각납니다. 어떤 자루처럼 보이는 무엇인가 어부의 발에 채게 됩니다. 아마도 해변으로 밀려온 난파선의 잔해나 아니면 그 비슷한 다른 물건 같습니다. 그는 그것을 열고 조약돌 같은 것이 있음을 알게 됩니다. 그래서 날이 밝아 올 때까지 이 조약돌들을 바다로 던지며 놀았습니다. 풍덩 떨어지는 소리로 얼마나 멀리 보낼 수 있는지 가늠하듯 조약돌을 멀리 내던졌습니다.

날이 밝기 시작하자 그는 자루 안을 보았고, 거기에 진귀한 보석 셋이 있음을 알게 되었습니다. 오 이런, 자루는 진귀한 보석으로 채워져 있었지만 어부는 그것을 알지 못했던 것입니다! 너무 늦었습니다.

아직 늦지 않았습니다. 보석 셋이 남아 있었으니까요. **아직 늦지 않았습니다**.

되돌아가서 다이아몬드 광산 위에 앉아 있던 사람들이 굶주리고 있다고 상상해 봅시다. 자녀들은 영양실조에 걸려 먹을 것을 찾고 있습니다. 그들은 구걸하고 있으며 먹을 것을 달라고 애원하고 있습니다. 그런데 누군가 그들에게 말합니다. "이봐요, 땅을 팔지 마세요. 거기에 다이아몬드 광산이 있다고요. 이거 보여요? 다이아몬드예요. 이걸 팔면 10만 달러는 족히 받을 수 있어요…."

그들은 말합니다. "그건 다이아몬드가 아니에요. 그냥 돌이에요." 그들의 머리에는 그것이 돌이라는 생각이 박혀 있습니다. 그들은 듣기를 거부합니다.

모든 곳에 있는 사람들의 형편이 이와 같습니다. 그들은 듣지 않습니다. 그들은 들으려고 하지 않을 것입니다. 여러분은 그들에게 삶이란 놀라운 것이고 기쁨에 찬 것이라고 말합니다. "당신은 삶을 즐길 수 있어요. 1분도 불안해하지 않아도 됩니다. 단 1분도요. 억압은 없으며 걱정도 없습니다. 그런 삶을 원하나요?" 그들은 답합니다. "가능하지 않아요. 결코 그래 본 적이 없어요. 이루어질 수 없습니다." 그들에게는 연구하려는 마음도, 조사하려는 마음도 없습니다. "찾아봅시다. 시도해 보자고요." 아니요, 아니요, 아니요. 불가능한 일이에요. "우리는 당신의 말을 듣고 싶지 않습니다. 신부님들도 그런 일은 불가능하다고 했어요. 심리학자들도 가능하지 않다고 했습니다. 그런데 그런 일이 가능하다고 말하는 건가요?"

당신은 정녕 탈출을 원하고 있는가

처음에 해야 하는 일은 여러분의 삶이 엉망이라는 것을 시인하는 것입니다. 그리고, 두 번째 일은 좀 더 어려워요. 괜찮습니까? 준비됐나요? 바로 이것입니다. **여러분은 엉망진창에서 빠져나오길 원하지 않는다는 것입니다. 여러분은 정말로 엉망진창에서 빠져나오길 원하지 않아요.** 어떤 훌륭한 심리학자에게라도 가서 물어보세요. 그러면 그분이 이걸 확인시켜 줄 겁니다. 내담자가 원하는 것은 결국 하나의 치료입니다. 정말로 낫기를 원하지 않아요. 고통의 경감을 원할 뿐이지요.

미국의 위대한 심리학자들 중 한 분인 에릭 번Eric Berne이 이를 아주 생동적으로 묘사했습니다. 그는 자기 코까지 이르는 오수구덩이에 빠진 내담자를 상상해 보길 권합니다. 내담자는 그것을 물똥이라고 부릅니다. 그가 의사에게 와서 뭐라고 하는지 아십니까? 의사에게 이렇게 요청합니다. "사람들이 파장을 일으키지 못하도록 저를 도와주시겠습니까?"

이 내담자는 오수구덩이에서 빠져나오기를 원하지 않습니다. 아니에요, 절대 아닙니다. 빠져나온다고요? 결코 그렇지 않습니다. **그냥 사람들이 파장을 일으키지 않도록 저를 도와주세요**. 이것이 내담자가 원하는 전부입니다. 그는 빠져나오길 원치 않아요.

여러분은 자신이 어떤지 시험하고 싶습니까? 몇 분 드릴 테니까 지금 당장 해 보세요.

좋습니다. 여러분에게는 지극히 행복할 수 있는 길이 있지만, 대학 졸업장을 받지 못한다고 가정해 봅시다. 여러분은 대학 졸업장과 행복을 교환할 준비가 되어 있나요? 여러분은 이성 친구도 얻지 못할 것입니다. 행복과 이성 친구를 바꿀 준비가 되어 있나요? 그래요? 이건 어때요? 여러분은 성공하지 못하고 실패할 것입니다. 모든 사람이 여러분을 게으름뱅이라고 불러요. 그러나 여러분은 행복할 것입니다. 완전히 행복할 거예요. 여러분은 다른 사람들의 좋은 평가와 행복을 바꿀 준비가 되어 있습니까? 잠시 후에

이에 대해 생각해 볼 시간을 드리겠습니다.

지난해 여름 시러큐스에 있을 때 신문에서 한 광고를 보았습니다. 한 소년에게 매달리고 있는 소녀를 보여 주던 그 광고에서 소녀는 이렇게 말합니다. "저는 행복하게 살고 싶지 않습니다. 제가 유일하게 알고 있는 행복한 사람들은 정신병원에 있어요. 저는 당신과 함께 불행하게 살고 싶습니다."

제가 하는 말의 뜻을 알겠습니까? "저는 행복하게 살고 싶지 않아요. 저는 당신과 함께 불행하게 살고 싶습니다." 그녀는 얼마 뒤에 말도 안 되는 신학을 만들어 낼 거예요.

사람들은 불행에서 빠져나오길 원치 않습니다. 그런 일을 원하지 않아요. "저는 행복을 원치 않습니다. 명성을 원하거든요." 이렇게도 말하죠. "난 행복을 원하지 않아요. 올림픽 금메달을 원하죠." 제가 여러분에게 이런 말을 한다고 생각해 봅시다. "이봐요, 금메달을 포기하세요. 그러면 행복해질 거예요. 제기랄, 무엇 때문에 금메달을 원하죠? 도대체 왜 회사 사장이 되길 원하세요, 왜 최고위직에 오르려고 합니까? 내가 행복하게 해 줄게요. 1년에 1만 달러만 내면 행복하게 만들어 드리겠습니다."

"아니요, 아니요, 그건 안 되죠. 내 돈, 내 돈, 내 돈, 내 돈, 내 돈을 주세요."

제가 하는 말을 이해하시겠습니까?

이제 여러분은 이해하실 겁니다. 사람들은 행복하길 원하지 않아요. 삶을 누리고 싶어 하지 않습니다. 돈을 원하죠. 인력거꾼 람찬드라를 알죠? 그는 왕처럼 살았습니다. 사실이에요. 대외 원조는 괜찮은 일이에요. 그에게는 대외 원조가 필요하지 않았습니다. 살기 위해서는 필요한 게 아니었어요. 편안함을 위해서 필요했습니다. 건강을 위해서 필요했습니다. 삶을 위해서 필요한 게 아니었습니다. 어쩌면 장수를 누리기 위해서, 곧 오래 존재하기 위해서 필요했을지도 모릅니다. 여러분은 그런 것을 삶이라 부르나요?

보십시오. 람찬드라는 살아 있었습니다. 저는 죽어 있었어요. 그는 삶이 무엇인지 알고 있었습니다. 그는 행복했습니다. 그는 공중의 새와 같았고 들에 핀 백합 같았습니다. 그는 산상설교를 구현한 인물이었습니다. 모든 것이 산상설교 안에 담겨 있었습니다. 저는 나중에야 알게 되었습니다. 전부 거기에 있습니다. 저는 그것을 보지 못했습니다.

람찬드라는 왕처럼 살았습니다. 왕처럼 산다는 게 무슨 뜻일까요? 바보들은 이 말을 어떻게 생각하는지 아세요? 세상은 그런 사람들로 꽉 차 있습니다. 바보들은 왕처럼 산다는 말을 어떻게 생각할까요? 그것은 리무진을 타고 돌아다니며 모든 사람이 그들에게 절을 하고 경의를 표한다는 것을 의미합니다. 온갖 종류의 쓰레기와 찌꺼기들, 자기들 이름이 널리 알려지는 것을 의미하죠. 다른 사람들에게 권력을 행사하며 지낸다는 뜻이라고 생각합니다. 바보들에게 왕처럼 산다는 말의 의미는 바로 이러한 것입니다.

여러분에게 저의 생각을 말하겠습니다. 그들은 왕처럼 살고 있는 게 아닙니다. 그들은 노예들입니다. 두려움에 질려 있어요. 텔레비전에서 그들의 얼굴을 살펴보세요. 제발 그 왕들과 왕후들과 대통령들과 나머지 사람들이 텔레비전에 나온 것을 살펴보시기 바랍니다. 여러분은 즉시 알아챌 거예요. 그는 겁을 먹고 있어요. 그가 왜 겁을 먹고 있는지 아시나요? 왜냐하면 권력을 원하기 때문입니다. 그는 특권을 원해요. 명성을 원합니다. 그는 왕처럼 살고 있는 게 아니에요.

당신은 행복을 습득할 수 없다, 이미 가지고 있으므로

여러분에게 왕처럼 산다는 것의 의미를 말씀드리겠습니다. 왕처럼 살면, 걱정이 전혀 없습니다. 내적 갈등이 전혀 없어요. 긴장도 압박도 실망도 마음의 병도 없습니다. 그러면 무엇이 여러분과 함께 남을까요? 행복, 순수한 행복입니다. 사람들은 가끔 묻습니다. "행복하기 위해 무엇을 해야 할까요?" 어리석은 질문이에요. 여러분은 행복해지기 위해서 아무것도 할 필요가 없기 때문입니다. 만일 여러분이 행복해지기 위해서 무엇인가를 해야 한다고 여긴다면, 여러분이 받은 신학 교육은 정말 형편없다는 것을 말해 주고 있습니다. 여러분은 행복하기 위해서 아무것도 할 필요가 없습니다. 여러분은 행복을 습득할 수 없습니다. 왜 그런지 아십니까? 왜냐하면 여러분은 이미 행복을 가지고 있기 때문입니다. 여러분은 지금 행복을 가지고 있습니다. 그러나 여러분의 어리석음으로 말미암아 여러분은 내내 그것을 가로막고 있습니다. 가로막기를 멈추면 행복을 얻을 것입니다. 만일 제가 여러분의 갈등과 걱정과 긴장과 압박감과 공허함과 외로움과 절망과 우울함과 마음의 병을 제거하는 방법을 가르칠 수 있다면, 만일 여러분이 이 모든 것을 제거할 수 있다면, 무엇이 여러분과 함께 남을까요? 그렇다면 여러분은 완전하고 순수한 행복을 얻게 될 것입니다.

중국인들이 이를 아름답게 묘사하고 있습니다. 눈을 가로막는 것이 없을 때 그 결과가 트인 시야라고 그들은 말합니다. 시야를 얻으려고 무언가를 하지 마십시오. 귀가 방해받지 않은 결과가 들음입니다. 입이 방해받지 않은 결과 맛을 봅니다. 정신이 방해받지 않은 결과가 진리입니다. 그리고 마음이 방해받지 않은 결과가 기쁨과 사랑입니다. 여러분은 이미 모든 것을 가지고 있지만 방해받고 있습니다. 그러니 그만 내려놓으십시오.

두 번째 단계는, 여러분이 엉망진창에서 빠져나오기 원치 않는다는 것을 인식하는 일입니다. 여러분은 안락을 원합니다. 여러분은 보잘것없는 소유물을 원합니다. 여러분은, 행복을 위해 반드시 있어야 한다고 사회가 거짓으로 가르친 사소한 것들을 원합니다. 여러분은 바로 그것을 원합니다. 여러분은 엉망진창에서 빠져나오기를 원하지 않습니다. 바로 이러한 것들이 엉망진창을 만들어 내고 있습니다.

여러분에게 생각할 거리를 드리겠습니다. 여러분이 행복이라고 부르는 것이 사실은 여러분의 족쇄라는 것을 생각해 본 적이 있습니까? 예컨대, 여러분은 **누군가를** 여러분의 행복이라고 부르지 않습니까? "당신은 나의 기쁨입니다"처럼 말이죠. 여러분의 결혼이나 사업, 학위 등 무엇이든 그 자리를 차지할 수 있습니다. 여러분은 누구 안에서 여러분의 행복을 찾습니까? 그 대답이 무엇이든 간에 그것이 바로 여러분의 감옥입니다. 이것은 중요한 언어이지만 구사하는 사람이 많지 않습니다. 그러나 자르고 문지르고 녹이라는 말을 성찰하시기 바랍니다.

잘못된 사용 설명서

세 번째는 이것입니다. 여러분의 삶이 엉망인 이유는 여러분이 잘못된 생각을 하기 때문입니다. 여러분에게 무언가 잘못이 있기 때문에 삶이 엉망이라는 뜻이 아닙니다. 여러분은 괜찮아요. 나도 괜찮습니다. 여러분은 괜찮습니다. 우리 모두 괜찮습니다. 우리는 훌륭합니다. 우리에게 잘못된 것은 없어요. 그러나 사람들이 우리 머리에 잘못된 생각들을 집어넣었습니다. 누군가가 분명히 그렇게 했지요. 우리가 그 범인을 잡기 위해 많은 시간을 들일 필요는 없습니다. 그러나 어떻든 여러분은 잘못된 생각들을 하고 있어요.

만일 누군가 여러분에게 오디오 세트를 주면 여러분은 사용 설명서도 함께 받습니다. 그런데 우리가 삶을 선물로 받았을 때에는 사용 설명서를 같이 받지 않았어요. 이를 다르게 표현할 수도 있습니다. 우리는 사용 설명서를 받았지만 그건 완전히 잘못된 설명서였다고 말이죠. 그래서 여러분은 음악을 들을 수 없고 단지 잡음만 듣습니다. 여러분은 실망하게 되고 갈등하게 되며 외로워지고 공허함을 느끼게 됩니다. 성서 안에 그 설명서가 있긴 하지만, 그것을 실제로 읽는 사람은 아주 소수입니다. 사람들은 정말 제대로 찾았다고 생각하지만 사실 핵심을 놓칩니다. 저도 핵심을 놓쳤습니다. 어쩌면 저는 엄청난 바보일지도 몰라요. 그러나 나중에 저와 같은 사람들이 무척 많이 있다는 것을 알게 되었습니다. 사람들은 핵심을 놓쳤습니다. 그들은 이해하지 못했습니다.

욕망 – 불행의 뿌리

좋아요, 그럼 핵심이 무엇일까요?

여러 처방이 있습니다. 저는 제가 발견한 가장 단순한 방법을 알려 드리겠습니다. 부처님의 말씀으로 들려드리겠습니다. 왜 그분을 택했냐고요? 그분의 말씀이 가장 단순하기 때문입니다. 그러나 여러분은 그 처방을 곳곳에서 볼 수 있습니다. 아주 선명하고 투명하게 선포되었습니다. 아마 여러분은 동의하지 않겠지만, 핵심을 놓치기도 어렵습니다.

자, 바로 시작합니다. 세상은 슬픔으로 가득 차 있습니다. 슬픔의 뿌리는 욕망입니다. 슬픔을 뿌리 뽑는 길은 무욕입니다. 저는 지금 여러분의 얼굴을 상상하는 중입니다. 그건 멋진 일입니다. 여러분은, **굉장한데, 훌륭해**라고 생각한 다음에 **그건 틀렸어. 끔찍해!** 라고 여길 겁니다. 놀랍지 않나요? 왜냐하면 저는 부처님의 말씀에 대한 반응에 익숙하기 때문입니다. 세상은 슬픔으로 가득 차 있다? 좋습니다. 옳아요. 여러분은 동의합니다. 슬픔의 뿌리는 욕망이라는 말에는 글쎄요, 그런대로 괜찮다고 생각하죠. 그러면서 제게 묻습니다. 당신은 어떻게 결론을 내리려고 합니까? 저는 슬픔을 뿌리 뽑는 길이 무욕이라고 말합니다. 제가 식물이라도 되려는 걸까요? 과연 우리는 욕망 없이 살아갈 수 있을까요?

좀 더 나은 번역을 해 드리죠. 우리가 욕망을 갖지 말아야 한다고 말할 만큼 부처님이 어리석고 멍청하지는 않았다고 생각합니다. 아무렴요. 만일 말하려는 욕망이 저에게 없었다면, 저는 말하지 않았을 것입니다. 만일 여러분이 이 곳에서 제 말을 들으려는 욕망을 지니지 않았다면, 여러분은 여기에서 듣고 있지 않았을 것입니다. 그래서 더 나은 번역이 필요합니다.

세상은 슬픔으로 가득 차 있습니다. 슬픔의 뿌리는 집착입니다. 슬픔을 뿌리 뽑는 길은 집착을 없애고 내려놓는 것입니다. 누군가 충족시켜 주지 않아도 나의 행복에 영향을 끼치지 않는 욕망을 나는 가지고 있습니다. 사실 여러분에게 있는 많은 욕망은 누군가 그 욕망을 채워 주지 않아도 여러분의 행복에 영향을 끼치지 않습니다. 그렇지 않다면 미칠 지경이 되거나 신경쇠약자가 될 것입니다. 우리 모두에게는 두 종류의 욕망이 있습니다. 우리는 어떤 욕망들을 가지고 있습니다. 우리는 온갖 것을 욕망합니다. 그것들을 손에 쥐면 우리는 행복하고, 손에 쥐지 않아도 유감이긴 하지만 괜찮습니다. 우리는 불행하지 않아요. 그러나 다른 종류의 욕망도 있습니다. 만일 우리가 그것들을 갖지 못하면 우리는 비참해집니다. 저는 이것을 집착이라고 부릅니다.

여러분은 모든 갈등이 어디에서 온다고 생각하나요? 집착입니다. 탐욕은 어디에서 온다고 보십니까? 집착입니다. 외로움은 어디에서 온다고 생각하십니까? 집착입니다. 공허함은 어디에서 올까요? 맞아요. 그 원인은 똑같습니다. 두려움은 어디에서 올까요? 집착입니다. 집착이 없으면 두려움도 없습니다. 생각해 본 적이 있습니까? 집착이 없으면 두려움도 없습니다.

"우리가 너의 목숨을 가져가야겠다."

"계속하시오. 목숨에 대해 집착하지 않습니다. 사는 것도 행복하고 삶을 놓아주는 것도 행복합니다."

여러분은 이런 자세가 가능하다고 보십니까? 여러분은 중요한 무언가를 알고 싶죠? 어떤 사람들은 그것을 획득했습니다. 그래서 가능한 일입니다. 여러분 스스로가 이것을 얻고 싶은가요? 아, 집착하고 있군요. "미안합니다. 선생님은 에이즈에 걸리셨어요. 앞으로 6개월밖에 못 삽니다."

"6개월밖에요? 와우, 그건 살아가는 데 긴 시간입니다. 멋진 일이에요." 행복. 이 사람에게는 집착이 없습니다.

또 다른 예가 있습니다. 여러분은 식당으로 걸어 들어가면서 오늘 밤 수프를 먹어야겠다고 생각합니다. "어떤 수프가 있나요? 토마토 수프 있습니까?

"죄송합니다만 토마토 수프는 없는데요."

"토마토 수프가 없다고요? 오 이런, 식당이 왜 이래? 이봐, 다른 데 가자고." 보십시오. 여러분은 토마토 수프를 먹지 못한다면 저녁을 먹을 수 없습니다. 집착입니다. 집착하지 않을 때 일이 어떻게 진행되는지 보겠습니다.

"어떤 수프가 있나요? 토마토 수프 있어요?"

"토마토 수프는 없는데요."

"그러면 어떤 수프가 있습니까?"

"옥수수 수프, 버섯 수프, 닭고기 수프…."

"다 좋아하는 수프인데 잘되었네요. 버섯 수프는 어떤가요?"

이 문제를 논하는 동안 옛날 부처님의 말씀을 새롭게 가다듬으면서 다른 예로 넘어가고자 합니다. 여러분이 수

천 가지 꽃의 향기를 즐길 수 있다면 어느 한 꽃의 부재에 대해 크게 실망하지는 않을 것입니다. 여러분이 살아가는 문화에서는 누구도 이런 말을 하지 않았을 겁니다. 그렇죠? 저도 마찬가지예요. 수천 가지 요리를 즐길 수 있다면 요리 하나가 없다고 해서 실망하지는 않을 것입니다. 아무것에도 실망하지 않도록 수천 가지 요리를 즐길 수 있는 교육을 받은 적이 있습니까? 우리는 그것을 놓쳤습니다.

여러분의 문화와 나의 문화가 우리를 길들이는 방식이 이렇습니다. 우리는 잘못된 지침을 가지고 있어요. 그 지침들은 여러분이나 내가 행복하든 말든 전혀 신경을 쓰지 않습니다. 우리에게 성취하라고 요구합니다. 우리가 생산하길 원해요. 우리가 비참한 노예가 되고 불행해지더라도 그 지침들은 바로 그런 것을 원합니다. "거래가 성사되었습니다. 당신은 한 친구를 잃는 대신에 다른 것을 얻었…."

"아니요, 그런 게 아니에요. 난 한 인격체, 유일하고 대체할 수 없는 친구를 원해요. 만일 그가 나를 거절한다면 저는 남은 생애 동안 비참하게 될 거예요".

행운을 빕니다. 전 이런 돼지에게는 노래하는 것을 가르치지 않을 겁니다. 너무 위험하거든요.

그러나 우리는 바로 이러한 방식으로 길러졌습니다. 수천 년 동안 그렇게 되었어요. 누군가 채워 주어야만 우리가 행복할 수 있는 그런 욕망을 우리는 가지고 있습니다. 물론 이 욕망은 소위 진보를 위해 좋은 것이기도 하겠죠. 왜냐하면 여러분은 그 모험을 위해 여러분이 가진 모든 것을 쏟아부을 것이기 때문입니다. 저는 "소위" 진보라고 말했어요. 그것이 저에게는 전혀 진보가 아니기 때문입니다. 그런 건 진보가 아니에요.

"우리가 점보제트기와 우주선을 가지게 된 일도 진보가 아니란 뜻인가요?"

아주 영리하군요. 진보가 무엇인지 말하겠습니다. 제가 의미하는 것은 마음의 진보, 사랑의 진보, 행복의 진보입니다. "그런 것을 가지고 있습니까?"

"미안합니다. 우리에게는 없어요."

여러분은 나머지를 가지세요. 도대체 그런 것이 무슨 소용이 있을까요? 비참하고 공허한 마음으로 비행기에 타서 돌아다니는 게 무슨 소용이 있는지 제게 말해 주시겠어요? 저라면 차라리 정글에서 지내면서 더없는 행복에 겨워 온 종일 춤추며 살겠습니다. 여러분은 그렇지 않겠습니까? 어쩌면 그렇지 않을 것입니다. 저는 잘 모르겠어요.

집착 – 사랑의 원수

여러분은 실제로 삶과 죽음 사이에서 선택의 기로에 놓여 있습니다. 사람들은 종종 죽음을 삶이라고 부르며, 그것을 알지도 못합니다. 여러분은 집착하면서도 마치 사랑을 할 수 있는 것처럼 말하고 있어요. 사랑의 가장 큰 원수가 바로 집착입니다. 욕망도 어떤 의미에서는 집착이에요. 왜 그런지 아십니까? 제가 여러분을 욕망한다면 저는 여러분을 소유하고자 하기 때문입니다. 저는 여러분을 자유롭게 두지 못해요. 여러분을 가져야만 합니다. 제가 이러한 방식으로 여러분을 욕망한다면, 저는 여러분을 갖기 위해서 여러분을 조종해야 합니다. 제가 하는 말의 의미를 아시겠습니까? 명확한가요? 완전한 사랑에는 두려움이 없습니다. 왜 그럴까요? 사랑에는 욕망이 없기 때문입니다.

이제 여러분의 문화에 질문하십시오. 저는 저의 문화에 물어보았습니다. '사랑이 있는 곳에는 욕망이 없다'는 진술로부터 여러분의 문화가 어떤 의미를 만들어 낼 수 있는지 물어보세요. 여기에서 욕망은 집착을 뜻합니다. 됐습니까? 여러분은 그것들이 말하는 내용이 무엇인지 아십니까? "그러나 집착이 사랑이다"라는 것입니다. 이 말은 다만 사람들이 얼마나 멍청한지 보여 주고 있을 뿐입니다. 여러분은 여기에서 삶을 발견하길 기대하나요? 여러분이 발견할 수 있는 것은 죽음과 비참뿐입니다.

이처럼 단순하고, 멋지며, 놀라운 것입니다. 저는 종교인과 비종교인들, 무신론자와 가톨릭 신자들, 일반인들, 사제들과 수도자들, 주교들 등 온갖 사람들을 만났습니다. 그러나 저는 사랑이 무엇인지 아는 사람을 거의 만나지 못했습니다. 그들은 전부 잘못된 지침을 가지고 있었습니다.

집착이란 "내가 너를 가져야겠다"는 것을 의미합니다. "당신 없이 저는 행복하지 못할 거예요. 만일 제가 당신을 갖지 못한다면 저는 행복하지 않을 것입니다. 저는 당신 없이 행복할 수 없습니다." 보십시오. 여기에 이혼을 피할 수 없는 공식이 있습니다. 싸움이 일어나는 공식이 있어요. 우정이 무너질 수밖에 없는 공식이 있어요. "나는 당신 없이 행복할 수 없습니다. 나의 행복을 위해 당신이 필요해요.

당신을 조종하고 당신을 가지기 위해서 기필코 나는 모든 것을 할 것입니다."

그러나 사랑이란 "자기야, 난 자기가 없어도 완벽하게 행복해. 괜찮아"를 의미합니다. "나는 자기가 선하길 바라고 자기를 자유롭게 놓아줄게. 자기를 얻는다면 난 매우 기쁠 거야. 자기를 얻지 못해도 난 비참하지 않아"라고 말하는 것을 의미합니다. 그렇다면 당신이 알고 있는 것은 무엇입니까? 저는 자족하며 지낼 수 있는 길을 배웠습니다. 저는 당신에게 기대지 않고 저의 두 발로 서 있습니다. 당신도 돈을 버는 것이 신나는 일이라는 것은 알 거예요. 그러나 저는 돈을 벌지 못한다고 해서 우울하지는 않습니다. 전 행복해요. 당신은 알고 있나요? 당신이 떠나도, 너무 빨리 이런 말을 하는 것일 수 있지만, 어떻든 저는 당신이 그립지 않습니다. 저는 아프지 않아요. 슬픔이 있는 곳에는 사랑이 없습니다. 당신이 슬퍼할 때 누구를 위해서 슬퍼하는지 제게 말해 주시겠어요? 누군가를 잃었기 때문에? 그것은 자기 연민입니다.

오, 그렇게 말하지 마세요. 당신은 지금 진실을 말하고 있습니다.

행복을 위한 처방전

여러분을 위한 비밀 처방전이 여기 있습니다. 자신을 비참하게 만드는 일에 능동적으로 개입하지 않는다면 여러분은 행복할 것입니다. 우리는 행복하게 태어났어요. 모든 생명은 행복의 결과물입니다. 오, 고통이 있어요. 물론 고통이 있습니다. 고통 없이는 행복할 수 없다고 여러분에게 말한 이는 누구입니까? 와서 암으로 죽어 가는 제 친구를 만나 보십시오. 그이는 고통 속에서도 행복합니다.

우리는 행복하게 태어났습니다. 우리는 행복을 잃어버렸습니다. 우리는 생명의 선물을 가지고 태어났어요. 우리는 그것을 잃어버렸습니다. 우리는 그것을 다시 발견해야 합니다. 우리는 왜 잃어버렸을까요? 우리가 적극적으로 일했기 때문입니다. 사람들은 우리 자신을 비참하게 만들기 위하여 우리에게 적극적으로 일하라고 가르쳤습니다. 그들은 어떻게 그 일을 했을까요? 우리가 집착하도록 가르침으로써 그렇게 했습니다. 아주 강한 욕망을 가지도록 우리를 가르침으로써 그렇게 했습니다. 그 욕망이 충족되지 않으면 행복을 거절하도록 만듦으로써 그렇게 했습니다.

그것이 무엇이든 간에 여러분이 가지지 못하면 불행할 것이라고 여기는 가정이 얼마나 허황된 거짓인지 단 2분 동안만이라도 앉아서 바라보는 일, 이것이 여러분에게 필요한 모든 것입니다. 문제가 무엇인지 아세요? 여러분은 앉지 않을 것이라는 겁니다. 여러분이 앉게 된다면 그것을 보게 될지 모르기 때문이에요. 여러분은 앉지 않을 것이고 보지 않을 것입니다. 저라도 그럴 것입니다. 저는 수년 동안 이에 저항했습니다.

"만일 내가 누군가를 소유하지 못한다면 나는 행복하지 않을 것이라는 뜻인가요? 잠깐만요. 생각해 보니 당신이 옳아요. 그(녀)를 만나기 전에 저는 행복했습니다. 그거 아세요? 언젠가 누군가와 사랑에 빠졌고 잘 지내다가 그녀를 잃었어요. 저의 마음은 찢어졌답니다. 그리고 무슨 일이 일어났냐고요? 지금은 괜찮습니다. 결국 그녀는 나의 행복이 아니었어요." 여러분의 어린 시절을 떠올리고 "이것이 없으면 나는 결코 행복하지 않을 거야"라고 생각했던 어떤 것을 잃어버렸던 때를 기억해 보십시오. 어떤 일이 벌어졌나요? 만일 오늘 그것을 여러분에게 주었다면 여러분은 쳐다보지도 않았을 것입니다.

잘못된 신조와 착각

우리는 왜 배우지 않을까요? 착각 속에서 살아가기 때문입니다. 착각 속에서 사는 느낌은 좋습니다. 발길질을 당하는 것 같죠? 적어도 제게는 확실히 발길질을 하는 것 같아요. 우리는 발길질 당하길 원해요. 우리는 행복을 원하지 않습니다. 우리는 흥분을 원해요. 그리고 언제든 흥분을 원할 때에는, 흥분을 잃어버리거나 흥분을 얻지 못할까 봐 근심하게 됩니다. 그러면 우울해지고 머리에서도 떠나지 않게 됩니다.

너무도 단순한 문제입니다. 앞서 말했지만 저는 2분 이내로 설명해 줄 수 있어요. 여러분이 제 말을 듣는 일은 또 다른 사안이긴 합니다. 그것은 여러분의 마음에 달려 있어요. 자, 한번 봅시다. 세상은 고통으로 가득 차 있습니다. 슬픔의 뿌리는 집착/욕망입니다. 슬픔의 뿌리를 뽑는 길은 집착을 떠나는 것입니다. 어떻게 집착에서 떠날 수 있을까요? 집착이 거짓 신조에 뿌리를 두고 있다는 사실을 헤아리고 바라보기만 하면 됩니다. 어떤 것 없이 나는 행복할 수 없다는 믿음, 그것은 거짓입니다.

그 신조가 거짓이라는 사실을 이해하는 순간 여러분은 자유롭게 됩니다. 여러분에게 행운이 깃들기를 바랍니다. 1분도 안 돼서 이를 이해할 수 있지만 25년이 걸릴 수도 있어요. 그러나 이해하는 날 여러분은 자유로워집니다. 한 마리 새처럼 자유로워져요. 피정을 지도하게 될 것이고 대통령들에게 강의를 할 것입니다. 조금도 당황하지 않을 거예요. 여러분은 자유롭습니다. 완벽하게 자유롭습니다. 여러분은 스스로 웃음거리가 되겠지만 그것이 여러분을 힘들게 하지는 않을 것입니다. 다른 사람에게 깊은 인상을 주는 데 신경 쓰지 않을 것입니다.

여러분은 개뿔만큼도 관심을 주지 않는다는 의미를 알 거예요. 미국에서는 개뿔이 욕설입니까? 아마도 이 말을 사용하지 말아야겠죠. 사람들이 여러분에 대해 어떤 생각을 하고 무슨 말을 하건 여러분은 전혀, 개뿔만큼도 개의치 않습니다. 여러분은 이 의미를 아십니까? 그것이 바로 자유입니다. 사람들이 여러분을 인정하거나 인정하지 않는 것에 대해 여러분은 신경을 쓰지 않습니다. 그건 괜찮아요. 여러분은 행복합니다. 인정을 받지 못한다고요? 안됐지만 그것도 괜찮습니다. 여러분은 계속 나아갑니다. 여러분은 행복해요. 그러나 여러분의 행복이 이러한 것들에 달려 있지 않다는 사실을 여러분이 발견했기 때문에 행복한 것입니다. 여러분은 자신을 위해서 이것을 보아야 합니다. 책을 읽거나 제 말을 듣는 것은 소용없는 일이에요. 여러분이 그것을 직접 보아야 합니다. 여러분이 잘못된 신조를 가지고 있다면 물론 보지 못할 거예요. 이해하시겠습니까? 그래서 제가 여러분에게 올바른 것을 주었습니다.

좋습니다. 질문을 받겠습니다.

❦ 집착을 버린다는 말은 물질세계로부터 거리를 둔다는 뜻으로 번역됩니까? 우리는 그리스도의 고통에 공감해야 한다는 교육도 받았습니다. 만일 우리가 항상 행복하다면 그런 일이 가능할까요?

집착을 버린다는 말은 물질세계로부터 거리를 둔다는 의미일까요? 아닙니다. 우리는 물질세계를 이용하고 물질세계를 향유하지만 우리의 행복은 물질세계에 의존하지 않습니다. 제가 말하는 바는, 집착이 근심의 원인이기에 집착하지 않게 될 때 비로소 물질을 참으로 즐기기 시작한다는 것입니다. 여러분이 무언가를 가지고 있을 때 불안하다면 여러분이 그것을 즐길 수 있는 가능성은 거의 없습니다. 제가 여러분에게 제안하는 것은 향유를 그만두라는 것이 아닙니다. 무언가 상실했을 때 소유와 걱정과 긴장과 불안에서 철수하라는 것입니다.

두 번째 질문도 아주 좋은 질문입니다. 우리는 그리스도의 고통에 공감해야 한다는 교육을 받았습니다. 제가 행복에 대해 말할 때 여러분은 이를 어떻게 연결시켰습니까? 제가 조금 설명을 해 보도록 하겠습니다. 아마도 이야기라는 형식을 통해서 가장 잘 설명할 수 있을 것입니다.

• 태도가 차이다 •

깨달았다고 알려진 훌륭한 선사가 있었습니다. 하루는 제자들이 물었어요. "스승님, 깨달음에서 무엇을 얻으셨습니까?" 선사가 답했습니다. "글쎄, 이렇게 말하겠네. 깨닫기 전에 나는 우울하곤 했지. 깨달은 다음에? 나는 계속 우울했어."

당혹스럽죠? 깨닫기 전이나 깨달은 다음이나 우울증

은 변함없어요. 다만 우울증을 대하는 태도가 바뀌었습니다. 선사는 "우울증이 사라지지 않는 한 나는 행복하지 않을 거야"라고 말하는 게 아닙니다. 이상하게 들릴 수 있지만, 우울증이 계속되더라도 여러분은 평온하고 침착할 수 있어요. 우울증과 싸우지 않고, 우울증에 낙심하지 않으며, 우울증 때문에 방해받지 않습니다. 우울증과 더불어 평온합니다. 바로 그것이 다른 점입니다.

❦ 만일 행복이 집착이 아니라면, 신부님은 행복을 긍정적인 용어로 어떻게 정의定義합니까?

좋은 질문입니다. 행복은 정의할 수 없습니다. 적어도 저는 어떤 정의도 찾지 못했습니다. 사실 여러분이 집착을 내려놓기 전까지는 행복의 의미를 전혀 알 수 없습니다. 행복은 환상과 집착을 내려놓을 때에만 정의될 수 있습니다. 집착으로 인한 고통을 내려놓았을 때 행복에 이릅니다.

물론 우리는 평화, 평온, 최상의 삶, 매 순간 즐기기, 현재에 살기 등의 낱말을 사용합니다. 이것들은 단어들이에요. 눈을 가로막는 것이 없어지기 전에는 시야가 무엇인지 알 수 없습니다. 집착의 욕망이 떨어지기 전에는 행복이 무엇인지 알 수 없어요. 그 이후에야 알게 됩니다. 그러면 단어들은 더 이상 문제되지 않습니다.

❦ 만일 그리스도가 초탈과 행복의 모범이라면, 겟세마니에서 그분이 느꼈던 외로움과 성전에서의 분노, 십자가에서 버림받은 사실을 어떻게 이해해야 할까요?

그리스도는 외로움과 분노의 시간, 버림받았다고 보일 수 있는 시간을 홀로 통과했습니다. 이러한 시간들은 행복과 양립할 수 있을까요? 여러분은 어떻게 생각합니까? 세뇌당하거나 자신이 속한 문화 때문에, 또는 그저 인간적 정신과 육체 때문에 온갖 종류의 고통을 겪어 나가고 그래도 어쨌든 모든 사람들 위에 존재하는 것이 가능할까요? 여러분은 어떻게 생각합니까? 가능할까요? 불가능합니까?

깨닫기 전에 나는 종종 외로워지곤 했습니다. 깨달은 다음에도 여전히 외로워요. 그러나 외로움은 더 이상 예전과 같지 않습니다. 그리스도인들은 예수가 한 인간이었다고 계속 가르칩니다. 그는 모든 사람들과 마찬가지로 한 인간이었고, 모든 인간처럼 이 모든 것에 종속되어 있었습니다. 인간은 결국 그것들로부터 벗어나 성장할 수 있을까요? 우리들 중 일부는 그렇게 되며 그렇지 못하는 사람들도 있습니다. 사람들은 이에 대해서 아는 것이 거의 없습니다. 그러나 구름 속에 있는 시간에도 평온한 상태, 행복한 상태에 머물 수 있다는 것은 아주 확실합니다. 일례로 다음을 생각해 보십시오.

여러분에게는 구름도 있고 하늘도 있습니다. 동양의 여러 스승들은, 그들이 **보기** 전에 깨달음은 구름과 자신을 동일시하는 것을 의미했다고 말할 것입니다. 깨달은 다음에는 하늘과 자신을 동일시할 것입니다.

🍃 신부님은 고통과 우울함을 체험하면서도 거기에서 초탈할 수 있다는 것에 대해 많이 말씀하셨습니다. 신부님의 말을 선명히 이해하려고 노력해 보지만 행복하면서도 우울할 수 있다는 말은 모순처럼 들립니다. 왜냐하면 우울함이란, 제가 항상 배웠듯이, 만족과 행복의 부재이기 때문입니다. 이에 대해서 좀 더 설명해 주시겠습니까?

좋은 질문입니다. 우울과 행복은 모순되는 두 상태가 아니냐 하는 것이 질문자의 물음인 것 같습니다. 그렇죠? 질문자의 말이 맞기도 하고 틀리기도 합니다. 흥분과 재미와 쾌락을 행복이라고 여긴다면 우울과 행복은 모순적입니다. 그러나 흥분과 재미와 쾌락은 행복이 아닙니다. 그렇다면 그것들은 무엇일까요? 그것들은 흥분이고, 재미이고, 쾌락입니다. 그것들은 행복이 아닙니다. 행복이란 집착이 없는 상태입니다.

저는 여러 해 동안 그러한 것의 존재를 생각조차 하지 못했습니다. 저에게 행복하다는 것은 재미있다는 것을 의미했습니다. 행복하다는 것은 승리하는 것이고 내가 원하는 것을 손에 쥐는 것을 의미했습니다. 사람들은 보통 "행복"을 이 정도로 이해합니다. 대부분의 문화에서는 원하는 바를 얻는 것이 행복이라고 이해합니다. 여러분도 이 말의 의미를 알고 있을 것입니다. "와우, 내가 원하던 것을 얻었어. 난 행복해." 그러나 이것은 행복이 아닙니다. 이것은 흥분입니다. 원하는 바를 얻는 것입니다.

우울함은, 항상은 아니더라도 종종, 원하지 않는 바를 얻는 것입니다. 이것은 흥분과 반대입니다. 만일 여러분이 흥분을 좇는다면 여러분은 우울해질 것입니다. 우울과 흥분은 한 시계추의 다른 끝입니다. 이에 대해서 많이 생각해야 합니다. 우울함을 일으키는 것은 흥분입니다. 물론 우울함에는 육체적 원인들도 있습니다. 저는 흥분과 재미와 쾌락을 의미하는 행복에 대해서 말하고 있지 않습니다. 저는 모든 것보다 나은 의미의 행복에 대해서 말하고 있습니다. 그것은 평온합니다. 그것은 추이에 집착하지 않습니다.

덧붙일 말이 있습니다. 우울함에 대항하여 싸우면 싸울수록 더욱 악화됩니다. 악에 저항하지 마십시오. 한쪽 뺨을 때리거든 다른 뺨을 내어 주십시오. 악마 하나를 제거했을 때 악마 일곱이 더 옵니다. 여러분은 악마들과 싸우지 않음으로써 그들을 다루어야 합니다. 그들과 싸우면 싸울수록 그들에게 더욱 큰 힘을 주기 때문입니다.

가톨릭교회의 도전

🍀 제 질문은 앞의 질문들과 좀 다릅니다. 저는 미국 가톨릭교회 여성 수도자로서 저의 경험에 애착을 가지고 있으며, 제2차

바티칸공의회 이후에 교육받았습니다. 그리고 지난 20년 동안 의미를 지녔던 전적인 변화와 전환을 체험하면서 저 역시 단련되었다는 가정하에 질문을 드리겠습니다. 저는 비구들과 학자들에 대한 신부님의 첫 은유, 곧 금세공인들이 금을 분석하고 자르고 문지르고 녹이듯 말씀을 분석하라고 했던 은유를 신부님께서 적용해 주시길 원합니다. 가능하다면, 신부님께서 그 은유를 현재 미국 교회의 상황에 적용해 주시기를 바랍니다.

이 점은 명백히 말씀드리겠습니다. 저는 다양한 지역에 있는 미국 교회가 무척 앞서 있다고 생각합니다. 미국 교회는 세계의 다른 지역에 지도력을 발휘하고 있으며, 특히 여성의 권리에 대해서 그렇습니다. 앞으로 오랜 기간 교회는 이런 이유로 고마워할 것입니다.

물론 여러분은 어려움에 직면해 있습니다. 변화는 항상 가까운 미래에 있으며, 사람들은 변화를 싫어하기 때문에 여러분은 갈등을 빚게 될 것입니다. 사람들은 변화를 원하지 않습니다. 그들은 변화 없는 진보를 원합니다. 그래서 여러분이 교회 안에서 산고를 느끼고 첫 시작의 어려움을 느끼는 것은 자연스럽다고도 볼 수 있습니다. 힌두교 경전 『바가바드기타』에는 아름다운 부분이 있습니다. 주님이신 크리슈나와 책의 주인공이랄 수 있는 아르주나가 대화를 나눕니다. 아마 알고 있는 분들도 계시겠지만, 이야기의 배경은 전장입니다. 젊은 왕자가 묻습니다. "왜 내가 전쟁에 개입해야 하는가?" 주님은 그에게 아주 아름답게 말합니다. **"전쟁터 한복판으로 뛰어들어 당신의 마음을 평화롭게 주님의 연화대에 두십시오."**

이것이 처방전입니다. 전쟁터 한복판으로 뛰어들고 여러분의 마음을 주님의 연화대에 두십시오. 평화롭게. 전쟁터의 소음 속으로 들어가 전투를 훌륭히 치러 내면서 평화롭게 머무는 것이 가능할까요? 물론 가능합니다. 위대한 모든 신비가들이 그 일을 해냈습니다. 만일 여러분이 평화롭지 않다면 여러분은 선을 행하기보다는 더욱 큰 해를 입히고 말 것입니다. 왜 그런지 아십니까? 여러분의 싸움은 주님의 전쟁이 아니라 에고의 전투이기 때문입니다.

 참된 자유에 대해 강의하셨을 때 신부님은 누군가 인정하거나 안 하거나 신경 쓰지 말라고 하셨습니다. 만일 사람들이 인정하지 않는다고 해도 "그래서 어쨌다고, 나는 행복해"라고 하셨습니다. 저는 신부님의 말이 이기적으로 들리기 때문에 좀 힘든 시간을 가졌습니다. 저는 꼭 인정을 받기 위해서가 아니라 단지 주기 위해서, 다른 사람을 위해 일을 할 때에도 자유를 가졌어야만 한다고 생각했습니다.

아마도 제가 명확하게 설명하지 못한 것 같습니다. 저는 우리가 다른 사람들을 배려할 필요가 없다고 말하는 게 아닙니다. 우리는 서로 아주 많이 마음을 씁니다. 우리는 서로에게 아주 민감합니다. 그러나 우리는 사람들의 인정이나 비난에 따라 조종당하지는 않습니다.

여러분은 사람들에게 아주 민감하고 그들에게 좋다고 여겨지는 것을 주지만, 그들에게 조종당하지는 않습니다. 달리 말하면, 저는 여러분이 비난한다고 해서 제가 좋다고 여기는 것을 그만두지는 않을 것입니다. 그리고 여러분이 인정한다고 해서 제가 나쁘다고 생각하는 것을 하지도 않을 것입니다. 그래서 제가 여러분에게 통제를 당하는 것이 아니라는 말씀입니다. 오직 이러한 경우에만 참된 사랑이 있을 수 있습니다.

종교의 신비적 특성

🖋 종교가 사람들의 행복에 자주 방해가 되는 이유는 무엇입니까?

종교가 항상 사람들을 방해한다고는 말하지 않겠습니다. 그러나 종교는 항상 그 신비적 특성을 잃을 위험에 노출돼 있습니다. 정치를 보고 싶습니까? 종교에서 발견할 수 있습니다. 더러운 내분을 보고 싶습니까? 종교에서 찾을 수 있습니다. 십자가에 처형된 메시아를 보고 싶습니까? 어디에서 그것을 볼 수 있다고 생각합니까? 바로 종교입니다.

이것은 슬픈 역설입니다. 신약성서에 적나라하게 나와 있습니다. 신약성서의 공포는, 메시아를 십자가에 매달아 죽이기 위해서 종교적인 사람들을 준비해 두었다는 것입니다. 그들은 로마인들이 아니고, 식민주의자들이 아니며, 다국적 기업이 아니고, 제국주의자들도 아니고, 착취자나 고리대금업자가 아니라 종교였습니다. 이것이 바로 신약성서에 담긴 공포입니다.

종교는 언제나 이러한 일을 저지를 수 있는 위험에 처해 있습니다. 그러나 종교는 또한 신비적 요소도 가지고 있습니다. 이것을 부정했다면 우리는 지나치게 일방적이 되었을 것입니다. 제가 만일 예수회 회원이 아니었다면 제가 몇 년 동안 보았던 것을 보았을까요? 조직에는 많은 약점이 있고 엄청난 난점이 있습니다. 저는 그것을 볼 수 있습니다.

저는 가끔 이것이, 우리가 어머니를 보는 방식과 비슷하다고 생각합니다. 어머니들에게는 좋은 점도 있고 나쁜 점도 있습니다. 그러나 이 모든 것에도 우리는 어머니를 사랑합니다. 때로 우리는 어머니가 하는 말을 과도할 정도로 주목하지는 않습니다. 어머니는 다른 세대에 속해 있고, 때로 우리는 어머니의 위대한 지혜를 수용하며, 무엇이 좋고 나쁜지 평가하는 법을 배우고, 어머니를 있는 그대로 사랑합니다. 그래서 우리가 항상 깨어 있는 것은 중요합니다. 그리고 종교가 진리의 방식이나 신비적 방식으로 다가오지 않음을 이해하는 것도 종교인들에게는 중요합니다. 그러나 다행스럽게도 종교는 여전히 나름의 아름다움과 본래의 선함을 일정하게 지니고 있습니다.

희망과 꿈과 슬픔으로부터의 초탈?

🌿 첫째, "집착 없음"이란 희망하거나 꿈을 꾸는 일과 같은 아주 인간적이고 창조적인 활동에 참여하지 않아야 한다는 것을 의미합니까? 둘째, 우리는 상실과 슬픔의 감정을 비롯해 다른 여러 인간적 경험을 어떻게 해야 할까요?

좋습니다. 집착 없음이란 우리가 인간적 활동에서 물러나야 함을 의미할까요? 그렇지 않습니다. 소란스런 전쟁터로 뛰어드십시오. 여러분은 집착이 없을 때 훨씬 큰 힘을 가질 수 있습니다. 저의 말을 믿으십시오. 그럴 때 여러분이 발휘할 수 있는 모든 힘을 얻게 될 것입니다.

중국의 위대한 현자 장자는 이를 멋지게 표현하고 있습니다. "궁수가 질그릇을 걸고 활을 쏘면 질그릇은 흔하기 때문에 자기 기술을 다 발휘할 수 있다. 허리띠 고리를 걸고 내기를 하면 귀한 물건이기 때문에 마음이 흔들린다. 황금을 걸고 내기하면 눈이 흐려지고 정신을 잃는다. 그의 기술은 변하지 않았으나 보상에 대한 애착이 그를 분열시킨다. 아껴야 할 물건이 있게 되면 밖의 물건에 마음이 가기 마련이다. 활쏘기보다는 보상금을 더 생각하게 된다. 밖의 물건으로 마음이 기울면, 속마음은 졸렬해지고 힘도 빼앗긴다." 근사하지 않습니까? 우리가 내기에 이겨서 보상금을 얻으려고 한다면 우리는 졸렬해지고 힘을 뺏깁니다. 내기에 이길 필요가 없다면 우리는 훨씬 큰 힘을 발휘할 수 있습니다.

인간의 꿈과 비전과 목표와 관련된 일을 멋지고 창조적인 방식으로 수행하기 위해서는 집착 없이 그 일에 뛰어들어야 합니다. 불행하게도 우리는 배려하지 않는 것과 즐기지 않는 것을 무집착과 관련지으면서 금욕주의와 연결하곤 합니다. 저는 전혀 그러한 말을 하는 게 아닙니다. 여러분도 곧 알게 될 것입니다.

두 번째 질문은 조금 더 미묘합니다. 진실을 말할까요, 아니면 조금 부드럽게 말할까요? 어떻게 생각하십니까? 여러분이 결정하는 게 더 좋겠군요. 부드럽게 하라고요? 좋습니다. 있는 그대로 솔직히 말하겠습니다. 만일 내가 집착하지 않는다면 나는 슬퍼하지 않을 것입니다. 나에게 상실이 아니라면 나는 애도하지 않을 것입니다. 어떻든 당신이 나의 행복이 아니라면, 나는 슬퍼하지 않을 것입니다.

그러나 내가 당신과 즐거운 시간을 가질 때 나는 당신을 사랑합니다. "나는 민감하며 마음을 쓰고 있습니다. 내가 보는 것은 당신의 선입니다"라는 의미에서 당신을 사랑하는 것입니다.

그래서 나는 당신을 자유롭게 놓아둡니다. 그리고 당신은 나의 행복이 아닙니다. 나는 내가 행복할지 말지에 대해 결정하는 권한을 당신에게 넘겨주지 않았습니다. 그러므로 나는 당신의 부재나 당신의 거부 때문에 슬퍼하지 않습니다. 심지어는 당신의 죽음을 맞이해도 그렇습니다. 이것은 어려운 일입니다. 여러분은 이를 소화하는 데 많은 시간이 필요할 수도 있습니다. 그러나 슬픔은 멋진 일입니다. 여러분은 여러분의 체제에서 천천히 슬픔을 거두고 다시 삶으로 돌아옵니다.

난장판을 청소하는 법

🍃 저는 많은 사람들이 세상을 난장판이라 여긴다고 생각합니다. 그렇지만 사람들은 자기들의 삶이 난장판이라고는 생각하

지 않는 것 같아요. 대의명분에 투신하면서 세상의 문제들을 해결하고자 하는 것 같습니다. 신부님은 투신과 집착, 또는 투신과 초탈을 어떻게 구분하십니까?

여기에는 두 가지가 있습니다. 세상이 엉망이고, 나도 엉망이에요. 평화 위원회 뒤에 숨지 마십시오. 그런 것은 아무것도 해결하지 못합니다. 한 무리의 늑대들이 평화 위원회에 앉아 있을 때 여러분은 평화를 얻지 못할 것입니다. 늑대 수천 마리가 정의를 위해 조직할 때 여러분은 정의를 얻지 못할 것입니다. 여러분은 세상과 마주쳐야 합니다. 그래서 우리 자신을 보아야 한다는 말은 옳습니다.

그러나 다른 문제도 있습니다. 우리는 어떻게 대의명분에 투신하게 될까요? 그것은 괜찮습니다. 소란스런 전쟁터에 마음을 다하여 참여하십시오. 그러나 그것을 넘어서 참여하세요. 누군가 아름답게 표현했습니다. "마음의 평화를 위해 우주의 총지배인직에서 물러나라." 저는 총지배인이 아닙니다. 저는 제가 할 수 있는 일을 합니다. 저는 뛰어듭니다. 그리고 그 결과를 하느님과 삶과 운명에 맡깁니다.

초탈과 성공

🌿 초탈의 상태를 알아차리는 것과 성공하기 위해 사회가 우리에게 해야만 한다고 말하는 것을 감지하는 것 사이에는 어떤 긴장이 있는 듯합니다. 신부님은 이러한 긴장을 어떻게 해결하십니까? 또는 이런 긴장을 알아차릴 때 방해가 되는 자존심을 어떻게 해결하시는지요?

이는 마치 어떤 갈등 관계와 같습니다. 한편으론 행복과 평화와 평정과 침착함과 초연함이 있으며, 다른 한편에는 우리가 성공하도록 사회가 몰아대는 공세가 있습니다. 어떻게 이 문제를 해결할까요? 그냥 성공에 대한 정의를 다시 내리십시오. 성공이란 무엇인가요?

만일 여러분이 다른 사람들이 어떻게 생각하거나 어떤 말을 할 것인가 하는 데 많이 붙들려 있다면 이 일은 쉽지 않을 것입니다. 저는 이런 것을 자존심이라고 부르지 않을 것입니다. 자신의 가치를 다른 사람들에게 기대기에, 전적인 의존의 한 부류라고 할 것입니다. 만일 네 생각에 내가 가치 있다면 나는 가치 있다, 만일 네가 나를 성공했다고 판단한다면 나는 성공했다, 네가 그렇지 않다고 여기면 나는 그렇지 않다…. 우리에게 이런 것을 깨트릴 수 있는 은총을 누가 줄 수 있을까요?

이런 것을 깨트린 사람을 만나면 저는 경의를 표합니다. 다른 사람들도, 거물 사령관들이나 대통령들도 아닙니다. 이들은 아주 평범한 사람들입니다. 평균적인 사람들보다 한 치도 더 낫지 않습니다. 음탕하고 탐욕적이며 겁 많고 야심적이며 꽉 움켜쥐려 합니다. 사람들이 생각하고 말하는 것에 인형처럼 통제되어 있습니다. 권력을 향한 욕망에 붙잡혀 있고 사로잡혀 있습니다. 제가 이런 것을 존경하길 원하나요?

그러나 저는 우연히 람찬드라와 같은 사람을 만났습니다. 저는 그를 존경합니다. 저는 우연히 세인트루이스의 에이즈 환자와 같은 사람을 만났습니다. 제게 그를 만날 수 있는 특권이 있었던 것은 아니지만, 그는 저를 감탄하게 만듭니다. 우리는 잘못된 것을 동경하고 있습니다. 대다수 종교 단체들도 마찬가지입니다. 그들은 말합니다. "당신은 성공해야 합니다." 그들은 졸업생이 이런저런 위치에 올랐다고 경의를 표합니다. 우리는 이런 것에 가치를 부여합니까,

아니면 사회의 낡은 인습을 타파한 이에게 가치를 부여합니까? 우리는 부자들에게 가치를 부여하나요? 백만 달러를 기부하면 첫 줄을 차지하는 것처럼? 우리는 세뇌되어 있습니다. 이러한 관점은 지속적으로 우리를 공격하고 있습니다. 우리에게는 이러한 생각이 주입되어 있습니다.

신비에 대한 세 이야기

한 선사禪師가 있었습니다. 이 스님을 떠올릴 때마다 저는 통통하고 둥글며 낙천적인 영혼을 상상합니다. 이분은 매일 아침 일어날 때 큰 소리로 폭소를 터뜨렸고 그 소리는 사찰 내 전체에 울려 퍼졌다고 합니다. 모든 사람이 그의 웃음소리를 들을 수 있었습니다. 모든 사람이 자명종 시계와 같은 그의 웃음소리를 들으며 함께 일어났습니다. 위대한 폭소입니다. 웃음소리는 3분이나 4분 동안 계속 이어지곤 했습니다. 밤에 잠들기 직전에 한 일도 다시 큰 소리로 웃는 것이었습니다. 그런 다음 몸을 뉘고 잠들었습니다.

제자들은 무엇이 스승을 그렇게 웃게 만들었는지 무척

궁금했습니다. 그들은 갖은 방법을 다 써서 그 이유를 알아내려고 했지만 그는 알려 주지 않았습니다. 그리고 그는 제자들에게 말하지 않고 죽었습니다. 이것이 이야기의 끝입니다. 그래서 온갖 사람들이 그를 웃게 만든 이유를 밝히려고 노력하고 있습니다. 저도 나름대로 그 이유를 몇 가지 예감하고 있습니다.

인도의 신비가 중에 카비르라는 분이 있습니다. 카비르가 남긴 비범한 신비주의 시들 가운데 하나는 이렇게 시작합니다. "물속의 물고기가 목마르다고 사람들이 말했을 때 나는 웃었다." 어떻습니까? "물속의 물고기가 목마르다고 사람들이 말했을 때 나는 웃었다." 그가 물속에 있다는 뜻인가요? 으-흠. 물고기들이 있나요? 으-흠. 여러분은 목이 마르신가요? 말도 안 되는 것 같죠? 하지만 우리는 목이 말라요, 그렇죠?

지난여름에 읽은 또 다른 글은 아프리카에서 사냥하던 미국인에 대한 이야기입니다. 그는 어떤 원주민들과 함께 살았다고 하는데 위험에 빠질 때마다 아주 놀라운 일이 벌어졌다고 합니다. "그들은 우리 백인들의 눈에서 두려움을 보았을 때 아주 이상한 호기심을 가지고 우리를 쳐다보곤

했어요. 이 특별한 원주민들에게는 이해할 수 없는 일이었지요. 그건 마치 물에 잠기기를 두려워하는 물고기들의 눈을 보는 것과 같았습니다." 아주 괜찮은 이야기입니다. 여러분은 물에 잠기기를 두려워하는 물고기를 상상할 수 있나요?

세계의 신비주의 교사들은 계속해서 이런 질문을 던지곤 했습니다. 그들은 당혹스러워합니다. "그들은 왜 불행한가?" "그들은 왜 두려워하는가?" 물론 우리가 보기 전까지는 두려움을 느끼는 것이 이치에 맞습니다. 불행하게 사는 것을 이해할 수 있습니다.

실재하지 않는 두려움

제가 두려움에 대해 말할 때 저는 동물들에게 닥친 즉각적인 위험에 대한 반응을 말하는 게 아닙니다. 저는 다가올 두려움, 벌어질 공포에 대해 말하고 있습니다. 그리고 신비가들은 이러한 공포가 그들 마음속에는 존재하지 않는다고 말합니다. 그냥 두려움이 존재하지 않는 것입니다. 얼마나 멋진 상태입니까. 놀라운 일입니다.

사하라사막을 걸어서 횡단하는 낙타 상인에 대한 이야기가 있습니다. 이들은 천막을 치고 밤을 보냅니다. 하인들이 말뚝을 땅에 박고 낙타들을 거기다 묶습니다. 그런 다음 주인에게 말하죠. "말뚝이 열아홉 개밖에 없는데 낙타는 스무 마리입니다. 스무 번째 낙타를 어떻게 묶을까요?"

그러자 주인이 말했습니다. "낙타들은 멍청한 동물들이야. 그냥 묶는 시늉만 하면 밤새 그대로 있을 거야." 하인들은 그렇게 했고 낙타는 그대로 서 있어서 모든 이를 확신시켜 주었습니다. 다음 날 아침 천막을 걷고 여정을 이어 가고자 했을 때 하인들은 모든 낙타들이 따라왔지만 한 마리만 그렇지 않다고 불평했습니다. 이 낙타는 움직이기를 거부했어요. 그러자 주인이 말했습니다. "말뚝에서 풀어 주는 것을 잊었구먼."

하인들은 "맞다"고 말하면서 낙타에게 가서 풀어 주는 시늉을 했습니다.

이것은 인간의 조건에 관한 이미지입니다. 우리는 없는 것을 두려워합니다. 우리는 존재하지 않는 것들에 묶여 있습니다. 그것들은 환상이요 거짓입니다. 그것들은 신조입니다. 실재가 아니에요. 우리는 우리가 가지고 있는 것들에 대해 고통을 겪습니다. 우리는 우리의 행복이 그것들에 달려 있다고 확신합니다. 그러나 사실은 그렇지 않습니다. 우리는 그것을 보길 바라지 않습니다. 다시 말하면, 신비가들은 이러한 것들을 면밀히 보았기 때문에 이를 이해합니다. 그들은 인간이 이러한 방식으로 스스로를 기만한다는 것에 놀라워합니다.

자유의 시작

제가 오늘 여러분에게 제공하고자 하는 것은 시작입니다. 여러분에게는 그 길을 보여 주는 누군가가 필요한 게 아닙니다. 이 길을 따라간다면, 만일 여러분이 이 길을 단지 언뜻 눈으로 보고 그것을 꾸준히 지켜 나간다면 여러분은 그 길을 찾을 것입니다. 조만간 여러분은 이 말의 뜻을 알게 될 것입니다. 여러분은 존재하지 않는 것들에 묶여 있습니다. 그것들은 존재하지 않아요.

스승에게 찾아간 어느 제자의 이야기가 있습니다. 스승

이 묻습니다. "무엇 때문에 왔느냐?"

제자는 말합니다. "목샤." 목샤는 산스크리트어로 자유(깨달음)입니다. "저는 자유를 얻기 위해 왔습니다."

"오, 자유." "음, 가서 누가 너를 묶고 있는지 알아보아라."

제자는 되돌아가서 일주일 동안 명상에 잠겼고 다시 돌아와서 대답합니다. "아무도 저를 묶고 있지 않습니다."

스승이 말합니다. "그러면 무엇 때문에 자유를 원하느냐?" 그 순간에 제자의 눈이 열렸고 그는 자유를 얻습니다. 그는 해방을 얻습니다.

여러분은 여기에 무엇 때문에 왔습니까? 자유. 가서 누가 여러분을 묶고 있는지 알아보십시오. 아무도 여러분을 속박하고 있지 않습니다. 여러분은 이미 자유롭습니다. 그런데 왜 자유를 찾고 있습니까? 여러분은 온갖 상상의 사슬로 자신을 묶고 있기 때문에 이 말을 이해하지 못합니다.

존 레논의 말로 기억합니다. "삶이란 우리가 어떤 것에 종사하는 동안 일어나는 어떤 것이다." 아름다운 표현이에요. 아름답습니다. 삶이란 우리가 무엇인가에 바쁘게 종사하는 동안 일어나는 어떤 것입니다. 더 나쁜 상황도 있습니다. "삶이란 우리가 온갖 종류의 다른 일에 바쁘게 고통당하는 동안 일어나는 어떤 것이다."

삶은 벌어진다

이에 딱 맞는 이미지를 보여 드리겠습니다. 콘서트홀을 생각해 보십시오. 오케스트라가 교향곡을 연주하려 합니다. 여러분은 훌륭하고 안락한 의자에 앉아서 이제 막 음악을 들을 준비가 되어 있어요. 그런데 갑자기 자동차 문을 잠그지 않은 게 생각납니다. 오, 이런. 여러분은 이제 어떻게 합니까? 여러분은 밖으로 나갈 수 없어요. 그러면 너무 큰 방해를 일으키게 될 것입니다. 여러분은 음악을 즐길 수도 없어요. 나가지도 못하고 즐기지도 못한 채 붙잡혀 있습니다. 대부분의 사람들에게 삶이란 이와 같습니다. 끊임없는 걱정이죠. 지금 난 무엇을 하고 있나? 다음엔 무슨 일이 벌어질까? 이 일을 어떻게 극복할까? 그 일을 어떻게 다룰까?

또 다른 조건은 가능할까요? 그래요, 그렇습니다. 가능해요. 종교 생활은 왜 합니까? 만일 종교가 이러한 질문에

답을 주지 못한다면 종교는 무슨 소용이 있을까요? 여러분에게는 올바른 교리들이 있으며, 올바른 신앙 조항들도 있습니다. 올바른 의례도 있고 모든 올바른 것을 가지고 있습니다. 그러나 여러분의 삶은 틀렸습니다. 이런데 종교가 무슨 소용인가요? 여러분에게는 식단표가 있지만 먹을 음식이 없습니다. 여러분이 "주님, 주님" 하고 부르는 것은 옳습니다. 그러나 삶이 없어요. **왜 여러분은 나에게 주님, 주님 하고 부르면서 여러분에게 하라고 하는 것은 하지 않습니까?** 사용하는 방법을 모르면 무슨 소용이 있습니까? 여기에 그 길이 있습니다. 어떻게 사용할까요?

여러분의 존재가 엉망진창이라는 데서 시작합시다. 여러분을 엉망진창으로 만드는 것은 무엇인가요? 누군가 죽었습니까? 누군가 여러분을 배신했습니까? 누군가 여러분을 거부했습니까? 무엇인가를 잃었습니까? 계획이 틀어졌습니까? 무엇인가 제 길에서 빗나갔습니까? 그게 무엇이든 생각해 보십시오. 최근에 여러분을 실망시킨 어떤 것을 지금 떠올릴 수 있나요? 3~4초 정도 계속 생각해 보십시오. 최근에 여러분을 실망시켰거나 지금 실망시키는 어떤 것을 생각해 보십시오.

이 세상의 그 무엇도 당신을 실망시킬 수 없다

충격받을 준비를 하십시오. 자, 시작합니다. 이제 저는 여러분 가운데 폭탄을 던지려고 합니다. 이 말을 잘 들으십시오. 실은 어떤 것도, 삶에서 어떤 것이라도, 세상의 그 무엇도 여러분을 실망시킬 수 없습니다. 여러분에게 누군가 이런 말을 한 적이 있나요? 모든 실망은 여러분 안에 존재하는 것이지 실제로는 존재하지 않습니다. 여러분이 '모든'이라는 말을 강조해도 좋아요. 모든 실망이에요. 그렇습니다, 모든 실망. 모든 실망은 여러분 안에 있는 것이지, 삶 속에 있는 것이 아닙니다. 실제로 존재하는 것이 아닙니다. 세상에 존재하는 것이 아닙니다. 그것은 여러분 안에 있습니다.

사람들은 단지 이 사실을 이해하는 것만으로 삶을 180도 변화시켰습니다. 단지 이를 이해하기만 하면 됩니다. 다른 것이 필요하지 않아요. 현실은 문제가 되지 않습니다. 인간의 마음이 없다면 문제들도 없을 것입니다. 모든 문제는 인간의 마음 안에 존재합니다. 마음이 모든 문제를 창조합니다. 지난여름 덴버에서 누군가 제게 말했습니다. "어떤 문제들은 내 안이 아니라 실제로 존재하는 게 아닐까요?"

저는 이렇게 대답했어요. "만일 우리가 당신을 그곳에서 빼 낸다면 문제는 어디에 있을까요?" 문제는 없습니다.

지금 저에게 이것은 너무도 단순해서 일곱 살 먹은 아이도 이해할 수 있는 진실입니다. 그러나 저는 박사들과 그 비슷한 사람들이 결코 이해하지 못하는 경우를 많이 보았습니다. 그들은 결코 이해하지 못했습니다. 세상 안에 문제가 존재한다는 것을 아주 당연하게 여겼습니다. 문제들은 존재합니다. 제가 여기서 말하는 "문제"는 여러분을 실망시키는 어떤 것입니다. 다시 반복해서 말씀드립니다. 제가 뜻하는 문제란 여러분을 실망시키는 어떤 것입니다. 사람들은 문제가 세상 안에 존재한다고 생각합니다. 문제가 삶 속에 있다고 여겨요. 하지만 아닙니다, 아니에요. 문제는 그들 안에 있어요. 아주 단순합니다. 여러분을 실망시킬 수 있는 힘을 지닌 것은 아무것도 없습니다.

실망의 원인은 바로 당신이 짠 프로그램이다

이제 분명하게 생각해 봅시다. 누군가 약속을 깼습니다. 여러분은 실망합니다. 여러분은 무엇이 여러분을 실망시킨다고 생각하나요? 깨어진 약속? 글쎄요. 약속이 깨졌지만 실망하지 않은 한 사람의 예를 들어 보겠습니다. 여러분은 왜 실망하게 되었나요? 여러분은 약속을 지키지 않으면 실망하도록 훈련받았습니다. 그러나 여러분을 실망시킨 것은 깨어진 약속이 아니었습니다. 그것은 여러분의 프로그램입니다. 여러분은 약속이 깨질 때마다 여러분 자신을 실망시키도록 훈련받아 온 것입니다.

여러분은 일요일에 소풍 갈 계획을 세우지만 큰비 때문에 연기되었습니다. 여러분의 실망은 비에 있습니까, 아니면 여러분 안에 있습니까? 비 때문입니까, 아니면 비에 대한 여러분의 반응 때문입니까? 비 때문에 실망감이 일어난 것이 아니라, 비에 대한 여러분의 반응이 실망을 일으킨 것입니다. 누군가는 다르게 반응할 것이고 실망하지 않을 것입니다. 비가 오지 않아야 행복할 것이라고 여기지 않았다면 이러한 방식으로 반응하지 않았을 것입니다. 그러나 여러분과 나는 우리의 행복이 어떤 특정한 것에 의존한다고 훈련받았습니다. 그래서 그 특정한 것이 없을 때 행복하지 않다고 여깁니다. 우리가 받은 교육과 우리가 짠 프로그램과 **"만일 이것이 없으면 나는 행복하지 않을 거야"**라는 거짓 신조 덕분입니다. 어떻게 생각하십니까? 우리를 실망시키는 것은 우리 자신입니다.

이와 관련해 아주 흥미로운 예들이 있습니다. 다른 문화의 예를 들어 보지요. 지난여름 뉴욕에 있는 한 친구가 아프리카의 한 부족에 대해 내게 설명해 준 것입니다. "사형 선고를 내리는 그들의 방식이 이래요. 전기의자나 교수형을 통해 사형을 내리지 않습니다. 그들은 추방으로 사형을 선고하지요. 만일 그 부족의 일원이 사형을 당할 죄를 저질렀다면, 그는 추방됩니다."

그리고 친구가 덧붙였습니다. "추방 선고가 내려지면 일주일 전후해서 그 사람은 죽어요." 만일 누군가 여러분에게 추방 선고문을 읽는다면 여러분은 죽을 것 같습니까? 저는 그렇지 않을 거예요. 제 생각에 여러분도 죽지는 않을 거예요, 그렇죠? 어떻게 생각하십니까? 우리가 다른 곳으로 추방된다면 극심한 두려움에 떨 수는 있을 거예요. 그러나 죽지는 않을 겁니다. 그들은 죽습니다. 문자 그대로 죽어요.

거짓 신조가 죽음으로 이끈다

멕시코에 있는 한 예수회 친구가 들려준 이야기입니다. 멕시코의 한 부족은 어떤 특정한 돌을 건드리면 죽을 것이라는 신조를 가지고 있다고 합니다. 그들은 이 신조를 무척 신뢰합니다. 한 어린이가 뛰어가다가 이러한 종류의 저주받은 돌에 닿게 되었습니다. 이 소년은 신부에게 와서 자기가 곧 죽을 것이라고 했습니다. 신부는 "아, 그건 미신이야. 난 그걸 믿지 않아"라고 말했습니다.

그날 밤 소년의 어머니가 신부에게 와서 말했습니다. "신부님, 병자성사를 주러 와 주시겠습니까?"

신부가 말했습니다. "이봐요, 그건 미신이에요. 그 아이가 정말로 죽어 가도록 조장해선 안 됩니다. 스스로 그런 예언을 충족하게 하지 마세요. 이건 정말 쓸데없는 겁니다." 신부는 가지 않았습니다. 다음 날 아침 소년은 죽었어요. 문자 그대로 죽었습니다. 그 아이는 자기가 죽을 것이라고 확신했고 실제로 죽었습니다.

특정한 문화나 특정한 사회, 특정한 국가들에 사는 학생들은 시험을 너무 심각하게 여겨서 결과가 좋지 않은 경우

자살하기도 합니다. 저는 시험에 실패하고도 "잘됐군. 전혀 문제가 되지 않아"라고 말하는 사람들을 알고 있어요. 하지만 어떤 사람에게 시험에 실패했다는 것은 자살을 의미합니다. 왜 이렇게 다르게 반응하는 것일까요?

누가 그 사람을 죽였습니까? 시험? 실패? 여러분은 어떻게 생각하나요? 무엇이라고 말하겠습니까? 그의 반응입니다. 그렇죠? 아프리카 부족에서 추방당한 사람을 생각해 보십시오. 제가 판사에게 "추방이 그를 죽였습니다"라고 했다고 가정해 봅시다. 그러나 추방이 그를 죽인 것은 아닙니다. 그를 죽인 것은, 추방의 힘과 그의 문화와 그가 받은 세뇌와 그에게 주입된 프로그램에 대한 그의 믿음입니다.

그 돌에 발이 닿았던 아이는 어떤가요? 돌이 그를 죽였습니까? 아니죠, 아닙니다. 그를 죽인 것은 돌에 닿으면 죽을 것이라는 그의 믿음, 그에게 주입된 프로그램입니다. 이제 이것을 일상생활에 적용해 봅시다. 이를 적용해 보면 정말 망연자실하게 될 겁니다. 폭발적이에요. 여러분은 영원히 엄청난 행복을 누리게 될지 몰라요. 여러분은 정말로 그럴 수 있습니다. 여러분이 시도해 보도록 시간을 좀 드리겠습니다. 여러분이 직접 실습할 수 있게 하겠습니다. 지금 당장 행복을 경험하시는 분들도 있을 것입니다. 무엇인가 여러분을 실망하도록 만들었습니다. 제가 한 표현을 들었나요? **무엇인가** 여러분을 실망시켰어요. 영어라는 언어의 방식이 이렇습니다. 모든 언어의 방식이 그래요. "무엇인가 나를 실망시켰다"고 말하죠. 그러나 아닙니다. 아무것도 여러분을 실망시키지 않습니다. 정확하게 말하자면 "나는 어떤 일 때문에 나를 실망시켰다"입니다. 그러나 누가 그렇게 말하길 좋아하겠습니까? 여러분은 "네가 나를 실망시켰다"라고 말합니다. 그건 아니에요. "너의 행동은 내가 나를 실망시킨 원인이 되었다"입니다. 우리는 이런 행동을 싫어합니다. 그렇죠? 우리는 세상에 책임을 돌리고 사람들에게 책임을 돌리며 삶에 책임을 돌리고 하느님께 책임 돌리기를 좋아합니다. "네가 그렇게 했다." 그러나 그 사람이 실망시킨 것은 아닙니다.

영성이란 사람이나 사건에 좌우되지 않는다는 것을 뜻한다

정말로 이 말의 뜻을 파악한다면 여러분은 어떻게 될 것인지 어렴풋이나마 감지할 수 있겠습니까? 여러분은 천하를 손에 쥐게 될 것입니다. 위의 말은 영성에 대한 좋은 정의입니다. 영성이란 어떤 사건이든 사람이든 무엇에게든 더 이상 의존하지 않는다는 것을 의미합니다. 저는 사람들을 사랑하지 말라고 이야기하지 않았습니다. 여러분은 더 이상 어떤 사건이나 사람이나 그 무엇에도 의존하지 않게 됩니다. 달리 말하면, 어떤 일이 벌어지든 여러분은 더 이상 여러분 자신을 실망시키지 않게 됩니다.

우리는 영성을 공부하고, 영성에 대한 글을 쓰고, 영성에 대한 책을 읽고, 영성과 관련된 과정을 밟습니다. 그럼에도 여러분은 여전히 실망하지 않습니까? 여러분은 기회가 있을 때마다 여전히 여러분 자신을 실망시키지 않나요? 그렇죠? 그렇다면 이 모든 공부가 무슨 소용 있습니까? 여러분은 콘서트홀에 앉아 있지만 음악도 즐기지 못하고 자동차의 문도 잠글 수 없습니다. 여러분이 거기에 붙잡혀 갈등하는 동안 삶은 흘러가고 있습니다.

이제 이 문제를 명확히 해결할 수 있는지 살펴봅시다. 실망스런 상황이나 실망시키는 사람의 예를 두세 가지 생각해 보십시오. 만일 그 예가 사람이라면 더 낫겠지만 꼭 사람일 필요는 없습니다. 여러분이 체험한 어떤 일일 수도 있고 다른 누군가 경험한 일이라도 좋아요.

만일 그 사람이 죽었다면 어떨까요? 무엇이 여러분을 실망시켰습니까? 이 사람의 죽음 때문에? 아니에요. 만일 여러분이 그 일 때문에 낙담했다면, 여러분은 누군가 죽었을 때 낙담해야 한다는 프로그램을 주입받았기 때문입니다. 이러한 것에 대해 시간을 가지고 생각해 보십시오. 이는 여러분의 문화와 저의 문화가 우리에게 가르친 모든 것을 거스릅니다. 우리는 누군가를 잃어버렸을 때 우리 스스로 낙담해야 된다고 교육받았습니다. 누군가 우리를 거절하거나 반대하고 우리를 떠나거나 죽으면, 우리는 낙담해야 된다고 훈련받았습니다. 우리는 정서적으로 다른 사람들에게 의존하도록 훈련을 받았습니다. 다른 사람들 없이는 살아갈 수 없도록 훈련받았어요. 저는 "정서적으로" 라는 말을 강조하고 싶습니다.

그래서 제가 집착하던 누군가 죽으면 저는 자연스럽게 낙담합니다. 죽음은 저를 낙담하게 만듭니다. 이런 때가 오면 저는 스스로 낙담하도록 훈련받았습니다. 이 말은 모독적이고 불경스럽게 들릴 수도 있어요. 끔찍한 일입니다. 이에 대해 깊이 생각해 보시기 바랍니다.

여기 또 다른 예가 있습니다. 여러분이 길거리에서 먹을 것이 부족한 누군가를 만난다고 생각해 봅시다. 그럴 때 우리는 속상해야만 하는 것처럼 보여요. 악한 일인가요? 어떻게 생각하십니까? 예스입니까, 노입니까? 예스, 확실히 악한 일입니다. 제가 할 수 있는 한 무언가를 해야 할까요? 예스. 좋아요, 훌륭합니다. 지금까지 여러분은 옳은 대답을 하고 있지만, 제가 여러분을 붙잡겠습니다. 조심하세요.

제가 신속하게 처리하고 그것에 대해 무언가를 하기 위해 스스로 낙담해야 할 필요가 있을까요? 만일 여러분이 스스로를 낙담하게 만들지 않는다면, 만일 사람들이 스스로 낙담하도록 여러분이 훈련시키지 않는다면, 그들은 아무 일도 하지 않을 것이라고 가정합니다. 그러나 보세요. 여기에 먹을 것이 부족한 어떤 사람이 있고 그것은 재앙입니다. 이제 여러분이 다가갔고 스스로 낙담합니다. 두 재앙이 생겼습니다. 우리는 또 다른 재앙을 덧붙이지 않고 이 재앙을 다룰 수 있을까요?

소란스런 전쟁터로 뛰어들라

많은 사람들은 먼저 자기 스스로 낙담하지 않고는 신속하게 행동한다는 것에 대한 생각조차 못합니다. 마치 이와 같습니다. 여러분은 차례대로 줄을 서 있어요. 누군가 중간에 끼어듭니다. 이제 여러분은 행동을 취하고자 합니다. 그건 괜찮아요. 여러분은 그것이 잘못됐다고 말하고자 합니다. 여러분이 옳아요. 여러분은 무언가를 하고자 합니다. 여러분은 그를 밀어서 떼어 내길 원해요. 그것도 좋아요. 그러나 여러분은 무엇을 하고 있는지 아시나요? 여러분은 이렇게 말하고 있습니다. "당신의 행동은 부정하다. 그래서 나는 나 자신에게 벌을 주려고 한다."

여러분이 무엇을 하는지 바라보십시오. 그의 행동은 잘못됐습니다, 그렇죠? 그래서 여러분은 스스로 혈압을 올리게 될 것이고, 마음의 평화를 잃을 것이며, 오늘밤 숙면을 취하지 못하게 될 것입니다. 말하자면, "이봐, 네가 부정한 행동을 했기 때문에 나는… 하려고 해". 왜 여러분은 자신에게 벌을 주려고 합니까? 여러분은 죄가 없어요. 그러나 여러분은 사람들이 이 일을 이해하리라고 생각할 것입니다. 제 말의 의미는 교육받은 사람들, 소위 이성적인 사람들이 이해할 것이라는 겁니다. 그들의 문화는 이러한 기반 위에 서 있어요. 어떻게 당신은 스스로 실망하지 않을 수 있나요? 당신은 제가 실망하지 않았다는 것인가요? 그렇습니다. 하지만 당신은 분명히 무언가를 하려고 하잖아요. 맞아요. 확실해요. 그런데 실망하지 않는다고요? 그래요. 왜 내가 나 자신을 실망시켜야 합니까? 그 사람이 잘못했는데 왜 내가 나에게 벌을 줘야 하나요?

"전쟁터 한복판으로 뛰어들어 당신의 마음을 평화롭게 주님의 연화대에 두십시오." 그러나 여기에는 어떤 두려움이 있습니다. 우리를 훈련시킨 사람들, 우리에게 프로그램을 주입한 사람들은 마치 우리가 스스로 실망하지 않으면 우리는 아무 일도 하지 않을 것처럼 두려워했습니다. 여러분이 스스로 낙담할 때 어떤 일을 할 힘이 더 약해지고 통찰력도 떨어진다는 사실을 그들은 알지 못했습니다. 여러분은 더 이상 사물을 옳게 보지 않습니다. 여러분은 과잉반응을 하고 있습니다.

헛되이 힘쓰지 마라

저는 권투에 대해서는 아는 게 없습니다. 그러나 권투 선수는 링에서 마지막까지 낙담하든가 흥분하지 말아야 한다는 이야기를 들었습니다. 그러면 경기에서 지기 때문이지요. 선수가 처음 하려는 일은 상대방을 흥분시켜 평정과 통찰력을 잃게 만드는 것이라고 합니다. 사회적 기획들, 다른 사람들의 복지를 위한 거대한 기획들과 관련된 사람들이 감정적으로 참여하면서 바로 자기들이 하고자 하는 그 일을 파괴하고 있다는 사실에 실망하는 경우가 얼마나 많습니까? 그들은 통찰력을 잃어버리고 과잉 반응을 보입니다.

여러분을 상대로 누군가 어떤 범죄를 저질렀다고 가정해 봅시다. 그것에 대하여 여러분은 낙담해야만 할까요? 예를 들어, 누군가 여러분에게서 무엇인가를 훔쳤습니다. 그것은 여러분을 상대로 저지른 범죄입니다. 이 일은 여러분 자신의 낙담을 정당화해 줄까요? 예스입니까, 노입니까? 노입니다. 그러나 이런 식으로 생각하는 것조차 비현실적인 일로 보입니다. 사람들은 들으려고 하지 않는다고 제가 말했던 의미를 이제 여러분은 이해하십니까? 그들은 이렇게 말합니다. "꺼져 버려요. 당신 완전히 돌았군요, 미쳤어요. 꺼져 버리세요."

복음서가 생각나지 않습니까? "우리는 당신의 말이 듣고 싶지 않다. 멀리, 다른 데로 가라." 헛되이 힘쓰지 마십시오. 그들은 듣고 싶어 하지 않습니다. 그들은 행복하게 지내고 싶어 하지 않아요. 그들은 변화를 원하지 않습니다. 그들을 그대로 두는 게 좋겠죠. 왜 여러분은 헛되이 힘쓰려 하십니까? 모든 사람을 회심시키고 있으며 그들이 깨달음을 얻는 데 일등공신이 바로 여러분 자신이라는 좋은 느낌을 스스로에게 주어야 하나요? 여러분은 자신을 깊이 들여다보아야 할 수도 있습니다. 여러분은 스스로를 위대한 스승으로 세우지 않는다면 행복해하지 않을지도 몰라요. 아시겠습니까? 그들은 들으려고 하지 않습니다. 좋아요. 그것은 그들의 문제이지요.

온 세상에서 여러분을 낙담시킬 수 있는 힘을 가진 것은 아무것도 없습니다. 전혀 없어요. 사실은 아무것도 여러분을 낙담시키지 않았습니다. 누구도 여러분에게 상처 주지 않았어요. 멍청하게도 여러분이 스스로 상처를 입혔습니다.

이제 2부로 넘어갑시다. 그들은 나에게 상처를 주지 않았습니다. 그렇죠? 현실은 내게 상처를 주지 않았어요. 그래서 나는 그들을 탓할 수 없어요. 그럼 누가 해를 입혔습니까? 접니다. 내가 나에게 상처를 준 것일까요? 그렇습니다. 나는 나 자신에게 채찍질을 하려고 합니다. 나는 이러한 일을 했기 때문에 나를 미워하려고 합니다. 제가 말하는 의미를 아시겠습니까? 나는 왜 이 일을 할까요? 나는 나 자신에게 화를 내려고 합니다. 나는 나에게 실망하려고 합니다.

여러분을 위한 기쁜 소식이 있습니다. 사람들이 여러분에게 상처를 주지 않았어요. 세상이 그렇게 하지도 않았습니다. 삶이 여러분에게 실망을 준 것도 아니에요. 가장 멋진 일은 여러분 자신도 여러분에게 그 일을 하지 않았다는 겁니다. 훌륭하지 않습니까? 그렇다면 누가 그렇게 한 것일까요? 정말로 여러분 중 누구도 제정신을 가지고 앉아서 일부러 기꺼이 의도적으로 자기 자신을 실망시킬 사람은 없을 겁니다. 이런 일을 기꺼이 할 사람이 있다고 생각하시나요? 없습니다. 우리는 그렇게 하지 않을 것입니다. 우리는 의도적으로 우리 자신을 실망시키지는 않을 거예요. 이는 마치 우리의 통제를 넘어선 어떤 것처럼 보여요. 그렇죠? 그러니 여러분 자신을 비난하는 일을 멈추십시오.

자신을 비난하는 일은 여러분에게 각인되었습니다. 여러분에게 그런 프로그램이 주입되었어요. 여러분은 이러한 방식으로 길들어 왔습니다. 그러나 여러분은 바로 이것을 이해해야 합니다. 여러분은 깨달음을 얻기 위해서 어떤 것도 할 필요가 없습니다. 여러분은 해방과 영성을 위해서 아무것도 할 필요가 없어요. 무언가를 보고 이해하는 일이 여러분에게 필요한 전부입니다. 만일 그것을 이해한다면 여러분은 자유롭게 될 것입니다.

성숙함이란 아무도 비난하지 않는 것이다

그러므로 "나는 낙담한다. 나는 나 자신을 실망하게 했다. 그들이 나에게 그런 일을 했다"라는 말은 틀렸습니다. "내가 나에게 그렇게 했다"도 틀렸어요. 여러분에게 그런 일을 하는 것은 여러분에게 주입된 프로그램입니다. 여러분의 문화가 그런 일을 합니다. 여러분이 자라난 방식이 그러합니다. 여러분은 그렇게 하도록 훈련받았어요. 앞서 말했던 아프리카 원주민은 추방당하고, 그 선고가 그를 죽였습니다. 틀렸어요. 그는 자신을 죽였습니다. 이 말도 틀렸습니다. 그를 죽인 건 그에게 주입된 프로그램이었습니다.

성숙함을 드러내는 표지 중 하나는 이렇습니다. 성숙함은 정의 내리기 무척 어렵지만 저는 꽤 공정한 정의를 알게 되었습니다. 더 이상 아무도 비난하지 않을 때 성숙하다고 말할 수 있습니다. 타인들도 비난하지 않고 자기 자신도 비난하지 않을 때 성숙하다고 할 수 있어요. 성숙한 사람은 잘못된 것을 보고 그것을 고치기 시작합니다. 이것은 성숙함을 보여 주는 하나의 좋은 표지입니다.

여러분은 사람들이 정말 어린애 같다는 것에 놀랄 것입니다. 사람들은 너무도 유치합니다. 작은 꼬마 아이를 본 적이 있지요? 실제로 인류의 99.999%는 어린애 같아서 정신이상이라고 봐도 좋습니다. 그냥 주위를 둘러보세요. 반나절만 돌아다녀 보면, 우리의 가장 위대한 남성과 여성이 어린애처럼 완전히 유치한 행동에 빠져 있음을 알게 될 것입니다.

어린애가 행동하는 방식을 알고 있나요? 미국은 어떤지 모르겠지만, 인도에서 어린애들은 무릎으로 탁자를 들이받고는 "아야~"라고 소리칩니다. 그러면 모두 가서 "누가 너를 때렸니, 탁자가? 나쁜 탁자 같으니라고. 에이, 심술쟁이 탁자야" 하고, 아이는 "오, 오, 오, 탁자, 심술쟁이 탁자"라고 하면서 기분이 좋아집니다. 어린애 같은 게 어떤지 아시겠습니까? 사람들이 여러분에게 가서 묻고 있습니다. "누가 너를 때렸니?"

"내 아내, 내 남편, 내 장상."

"그들이 끔찍하지 않니? 정말 지독하구나." 그러면 꼬마는 기분이 좋아집니다. 그는 큰 단체 또는 국가의 수장이거나 주요 인물이에요.

사람들은 어떻게 어린애처럼 될까요? 그들은 자기들의 유치함을 알지도 못합니다. 그들은 누군가를 비난해야만 합니다. 그러나 아니에요. 비난할 사람이 아무도 없음을 이해하는 것이 성숙입니다. 더 정확하고 더 낫게 표현한다면, 성숙함이란 다른 사람이나 자기 자신을 비난하면서 어린애처럼 감정적 배출구에 몸을 맡기지 않는 것이기도 하지만, 오히려 무엇이 잘못된 것인지 이해하고 그것을 고치기 위한 일에 착수하는 것입니다. 그러한 문제에 대해 무언가를 하는 것이에요. 이해하시겠습니까? 사람들을 비난하지 말아야 합니다. 여러분을 낙담하게 하는 것은 바로 여러분에게 주입된 프로그램입니다.

제가 같은 내용을 자꾸 반복해서 말씀드리는 이유는 아주 중요하기 때문입니다. 여러분에게 실습을 한 가지 해 보도록 제안하겠습니다. 몇 분밖에 걸리지 않습니다. 어떤 효과가 있는지 보시기 바랍니다.

지금까지 여러분을 실망시켰다고 말할 수 있는 것을 생각해 보세요. 비교적 최근의 일을 떠올려 보시기 바랍니다. 그 생각 속으로 돌아가 보세요. 그리고 여러분을 실망시킨 주체가 어떤 물건이거나 어떤 사람이 아니었다는 것을 이해하시기 바랍니다. 그것은 여러분에게 주입된 프로그램입니다. 사람들의 비열함이나 비난이나 거부나 실패가 여러분을 낙담시킨 주체가 아닙니다. 여러분을 실망시킨 것은 바로 여러분에게 주입된 프로그램이에요. 이것을 이해하고 여러분에게 어떤 일이 벌어지는지 바라보십시오.

반복해서 이 작업을 꾸준히 하시는 분들의 보편적인 경험은 이렇습니다.

첫 단계, "이런, 이것이 나를 실망시켰어."

둘째 단계, "나를 실망하게 만든 건 이게 아니었어. 그건 나에게 주입된 프로그램이야. 외부의 것과 싸우느라 내 모든 힘을 뺏길 필요가 없어. 그렇지?" 그렇습니다. 나는 외부에 있는 것을 비난하면서 나의 모든 감정적 에너지를 낭비할 필요가 없습니다. 이것이 옳은 길입니다.

감정 에너지가 고갈되는 방식을 보면 재미있습니다. 그것은 계속 저하됩니다. 나를 실망시키는 원수가 밖에 있다고 여기는 한, 나는 나의 원수가 변화되기를 계속 요구하기 때문입니다. 그러면 외부가 변화하지 않는 한 나는 계속해서 실망을 선택할 것입니다. 설명이 충분한가요? 만일 나를 실망하게 만드는 누군가 밖에 있다고 생각한다면, 그 사람이 그곳에 있는 한 그는 나를 실망시키는 행위를 계속하게 될 것이고, 그가 개선되지 않거나 변화하지 않거나 사라지거나 도피하지 않는 한, 나는 나의 실망을 어찌지 못할 것입니다.

삶이 특정한 방식으로 끈질기게 되풀이되고 여러분은 계속 실망한다고 가정해 봅시다. 여러분은 이제 그러한 순간에 이런 말을 합니다. "잠깐 기다려 봐, 이건 삶이 아니야,

나에게 주입된 프로그램이야." 누군가 무엇인가를 하면서 바로 여기 있을 수 있지만, 여러분이 꼭 실망할 필요는 없습니다.

꼭 고쳐야만 할 필요는 없다

당분간 여러분은 실망하는 횟수도 줄어들고 실망의 대상도 점점 그 수가 줄어들 것입니다. (미안합니다만, 저는 어느 누구도 그 무엇도 경멸할 생각이 없습니다. 그렇지만 여러분은 즐길 수 있을 거예요.) 이제 아주 큰 물음, 매우 미국적인 질문이 있습니다. '우리는 어떻게 그것을 고칠 수 있는가?'

"그는 저를 실망시키지 않습니다. 나도 나를 실망시키지 않아요. 프로그램이 저를 실망하게 만들어요." 여러분은 어떻게 이것을 고치겠습니까? 여러분은 동양의 대답을 아십니까? 고치지 마세요. 그냥 내버려 두십시오. 그러면 그것은 사라질 것입니다. 고치려고 하면 할수록 그것은 더욱 강해집니다.

이것은 또 하나의 폭탄이에요. 고치지 마십시오. 그대로 두세요. 그대로 내버려 두십시오. 그것은 사라질 것입니다. 정말로 그럴 것입니다. 그렇지만 우리는 이 프로그램이 어디에서 왔는지 알아야 할 필요가 있지 않을까요? 아는 것은 도움이 됩니다. 그러나 꼭 필요한 것은 아니에요.

만일 여러분이 "나는 그것이 어디에서 오는지 꼭 알아야 하고 그것을 변화시키고야 말겠어"라고 생각해 저돌적으로 나아간다면, 여러분은 상황을 악화시키게 될 것입니다. 이것을 확실히 알아야 합니다. 많은 사람들이 결코 변화하지 않는 이유는 다른 데 있는 게 아니라 변화하겠다고 굳게 결심하기 때문입니다. 그들의 결심이 너무도 확고해서 그들은 결코 변하지 않습니다. 너무 긴장되어 있고 너무 걱정해서 사태를 더 어렵게 만듭니다.

여기 또 다른 게 있습니다. 우리는 모두 똑같아요. 여기에서 여러분에게 하는 말을 저는 일본, 인도, 스페인, 라틴 아메리카 등 모든 지역에서 비슷하게 합니다. 모든 지역의 사람들이 다 똑같아요. 다른 점이라면 문화에서 오는 약간의 허세 정도이지 깊은 내면에서 우리는 다 똑같습니다. 똑같은 문제들이 모든 지역에 있어요. 증오도 똑같습니다. 갈등도 똑같습니다. 죄의식도 같아요. 다른 사람들의 의견에 의존하고 다른 사람들의 찬동에 감정적으로 의존하는 것도 똑같습니다. 완벽하게 똑같아요. 문화의 외벽을 살짝 벗겨 내면 우리는 모두 똑같습니다.

모든 지역 사람들이 "그것"을 고치려고 시도하고 있습니다. 나는 어떻게 그것을 변화시킬까? 여러분이 그것을 변화시키는 게 아닙니다. 여러분이 그것을 이해하고, 그것을 바라보고 지켜보면, 그것은 저절로 해결됩니다. 여러분이 그것을 변화시키지 않으면 어떤 일이 벌어질까요? 삶이 그것을 변화시킵니다. 본성이 그것을 변화시킵니다. 이 방식으로 여러분은 자신을 치유하지 않지만, 본성은 스스로를 치유합니다. 여러분은 본성을 돕기만 하면 됩니다.

우리가 보통 우리를 실망시켰다고 말하는 일이 벌어질 때, 우리를 실망시키는 것은 그 일이 아닙니다. 삶은 우리에게 거칠게 대하지 않아요. 삶은 쉽습니다. 우리를 거칠게 대하는 것은 우리에게 주입된 프로그램입니다. 삶은 쉬워요. 삶은 즐겁습니다. 인력거꾼인 제 친구 람찬드라를 생각해 보십시오. 실망을 일으키는 것은 외부에 있는 게 아닙니다. 실망의 주범은 바로 여러분입니다. 여러분에게 주입된 프로그램입니다.

어려움은 여러분에게 주입된 프로그램 안에 있다

여러분은 다른 사람들과 함께 살며 인간관계에서 어려움을 느끼지요? 인간관계는 결코 어렵지 않습니다. 어려운 것은 여러분에게 주입된 프로그램이에요. 사람들과 관계하는 것에는 결코 어떤 어려움도 없어요. 여러분의 프로그램 안에만 어려움이 있습니다. 여러분은 어떻게 해서 실망하게 되었나요? 여러분은 "이성을 잃은 친구와 매일 살면서 낙담하지 않는 게 과연 가능한가?"라고 묻습니다. 가능해요. 낙담하지 않고 사는 것은 충분히 가능합니다. 여러분은 이렇게 묻고 있어요. "누군가 신부님을 경멸할 때 신부님은 낙담하지 않나요? 맞아요. 왜 낙담하지 않습니까? 누군가 신부님을 경멸하는데 왜 낙담하지 않습니까?"

제 말은, 편지를 받지 않았을 때 편지는 편지를 쓴 사람에게 되돌아간다는 뜻입니다. 여러분이 받지 않으면 그건 되돌아가요. 여러분은 여러분이 왜 멸시를 당했는지, 왜 멸시를 당해서 낙담했는지 그 이유를 아십니까? 왜냐하면 여러분이 그것을 선택했기 때문입니다. 그것이 이유예요. 어리석은 일이죠. 왜 그것을 선택했습니까? "그것을 선택하지 않을 가능성이 있다는 뜻인가요? 작은 원숭이처럼 살아가는 이러한 존재가 인간이란 뜻이죠? 누구든 배후에서 조금만 조종하면 뛰어오르는 그런 존재가?"

인간이 된다는 것의 의미를 말씀드리겠습니다. 여러분은 인간이 된다는 것의 의미를 아십니까? 그건 마치 이런 겁니다. 매일 가판대에서 신문을 사는 친구가 있어요. 신문판매상은 항상 그를 무례하게 대합니다. 그래서 그의 한 친구가 말하죠. "너는 왜 매일 거기에서 신문을 사니? 그 사람은 언제나 너를 무시하잖아. 왜 바로 옆집에서 신문을 사지 않지?"

이 친구가 말합니다. "왜 내가 어디에서 신문을 살 것인지 그 사람이 결정하도록 해야 하지?" 우리는 한 인간에 대해서 말하고 있습니다. 그 외에는 원숭이들에 대해 말하는 거예요. 여러분은 그들을 통제할 수 있습니다. 그냥 꼬리만 조금 비틀면 어떻게 행동할 것인지 알 수 있어요. 프로그래밍, 프로그램이 주입된 대로 움직입니다.

그래서 여러분을 낙담시킨 것은 그 사람이 아닙니다. 여러분이 여러분 자신을 낙담시킨 것도 아니에요. 바로 여러분에게 주입된 프로그램입니다. 여러분이 해야 하는 모든 것은 이 사실을 이해하고 여러분 자신을 프로그램으로부터 거리를 두고 그것을 이해하는 일입니다. 프로그래밍에 대해서 무언가를 하기 원하시나요? 할 수 있다면 좋습니다. 꼭 필요한 일일까요? 그렇지 않아요. 만일 여러분이 이해하고 있다면 그것이 여러분 자신이나 다른 이들로부터 오는 게 아니라 여러분이 주입받은 프로그램에서 온다는 것을 알 것입니다. 그것은 저절로 해결될 거예요. 사실이 그렇습니다.

몇 개월 후 여러분은, 이전에는 근심이나 고통으로 병들게 했던 것들을 아주 평화롭고 침착하게 대처할 수 있다는 사실에 놀랄 것입니다. 여러분은 그러한 것들에 대해 아주 편안해집니다. 이것이 바로 영성 생활이에요. 자신을 버리는 것이고 프로그램을 멈추는 것입니다. 여러분은 프로그램을 있는 그대로 이해함으로써 프로그램을 멈춥니다. 실재를 있는 그대로 보고 말하십시오.

❦ 신부님이 묘사하는 세상 속에서도 죄를 짓는 것이 가능한가요? 우리가 우리 자신을 해방시키는 것인가요, 아니면 그리스도의 은총이 우리를 자유롭게 하는 것인가요? 비록 제가 낙담하지 않더라도 불의를 볼 때 행동을 취할 수는 없을까요? 가령 줄을 서 있는데 누군가 가운데 끼어들었고 나는 그들이 나를 실망시키도록 허락하지 않으려 합니다. 행동을 취할 수 있을까요?

마지막 질문부터 답하겠습니다. 줄을 서 있는데 누군가 끼어들었을 때 행동을 취해야 할까요? 곧바로 가서 행동하십시오. 원하는 모든 행동을 하세요. 그것까지는 괜찮습니다. 중요한 점은 그른 것에 대해 옳은 행동을 취한다는 겁니다. 실망감을 완화시키려고 행동을 취하는 게 아니죠. 차이점을 이해하시겠습니까? 이런 말을 해서 미안합니다만, 우리는 종종 그른 것에 대해 옳은 행동을 취할 뿐만 아니라 실망감을 완화시키기 위해서도 행동합니다. 그것은 좋지 않아요.

다음 질문, 우리가 말하는 세상에서 죄를 짓는 게 가능할까요? 물론입니다. 우리 주변에 너무도 많은 죄가 범람

하고 있습니다. 우리 주변에는 악이 무척 많습니다. 그러나 여러분이 인간 본성을 이해하면 할수록 다른 사람을 판단하는 경향은 더욱 줄어듭니다. 우리가 죄라고 부르는 것 배후에는 너무도 심한 어리석음과 무지와 공포와 프로그래밍이 있기 때문입니다. 우리는 누구도 심판하지 말라는 옳은 조언을 들었습니다. 아무도 심판하지 말아야 합니다. 우리 자신도요. 바오로 사도는 심지어 자기 자신도 감히 심판하지 않는다고 말합니다.

셋째는, 우리를 해방시키는 분은 우리 자신인가, 그리스도인가? 하는 질문입니다. 그리스도의 은총은 모든 이에게 유용합니다. 그러나 여러분이 그리스도의 은총을 받는다는 것은 여러분이 어디에서든지 반드시 그 은총을 받는다는 것을 의미하지는 않습니다. 여러분은 무엇인가를 해야 합니다. 여러분은 담뱃불로 자기 수염을 태워 버린 사람 이야기를 알고 있을 거예요. 사람들이 그에게 말하죠. "수염이 타고 있어요." 그가 답합니다. "알고 있어요. 그렇지만 내가 비를 내려 달라고 기도하는 건 보이지 않나요?" 그렇습니다. 비는 내릴 수 있어요. 그러나 여러분이 하는 일에 집중하는 게 더 낫습니다.

하느님의 은총은 모든 이에게 내립니다. 인간의 비극은 하느님의 은총이 부족하다는 게 아니라, 적절한 이해가 부족하다는 것입니다. 우리가 가진 잘못된 관념은 수정될 필요가 있어요.

❦ 드 멜로 신부님, 신부님은 많은 교육을 받으셨고 여행도 많이 다녔습니다. 깨달음을 위해서는 이런 일들이 꼭 필요한 것은 아니라고 하셨는데, 우리가 만일 신부님이 말씀하시는 진리를 수용할 수 있도록 성장의 단계를 준비하려면 어떻게 해야 하는 것인지 조언을 듣고 싶습니다.

많은 교육을 받아서 이러한 일을 잘 준비할 수 있을까요? 아닙니다. 여러분에게 필요한 것은 교육이나 읽고 쓰는 능력이나 어떤 학습과는 아무런 관련이 없는 상식과 지성입니다. 이것은 확실합니다. 박사학위를 가진 사람이 안데스산맥에 사는 단순하고 글 모르는 농부보다 더 잘 준비되어 있다고 생각하지 마십시오. 이 분야에서는 아닙니다. 교양 있는 사람들의 지성이 얼마나 보잘것없는지 알게 되면 놀랄 것입니다. 진짜로 그럴 거예요.

어제 포담 대학교에 있는 한 친구가 우주선과 로켓을 달까지 보낸 사람들에 대한 특별한 책을 읽은 이야기를 해 주었습니다. 그 친구가 이런 말을 했습니다. "이봐, 우리는 달까지 갈 수 있는 로켓을 협력해서 만들어 냈지만 가족과는 협력을 할 줄 몰라. 가족과 어떻게 협력해야 하는지 모르지. 우리는 아내나 남편과 어떻게 지내야 하는지 몰라." 제가 하는 말의 의미를 아시겠습니까? 저는 이러한 협조를 어떻게 해야 하는지 잘 아는 농부들을 만났습니다. 놀랍지 않습니까? 이것이 지성입니다. 학습이란 지성과 똑같은 것이 아닙니다. 여러분은 여러분 자신에 대해서는 전혀 인식하지 못한 채 많은 학습을 할 수 있습니다. 여러분은 우주선이 어떻게 작동하는지 알면서도 자신이 어떻게 작동되는지에 대해서는 전혀 모를 수 있어요. 여기에서 교육은 큰 도움이 되지 못합니다. 이를 위해 필요한 것은 교육적 배경이 아니라, 자르고 문지르고 녹이고 질문하고 의심하는 과정을 통해서 얻게 되는 지혜와 이해와 지성입니다. 만일 사람들이 여러분에게 가르친 것을 여러분이 결코 질문하지 않거나 의심을 품지 않는다면, 여러분의 문화가 여러분에게 부여한 것을 결코 의심하지 않을 것입니다. 그러면서 어떻게 이 모든 것을 이해할 수 있겠습니까?

  ✧ 신부님의 행복 개념은 무엇이며, 인간이 된다는 것이 하느님께는 무슨 뜻입니까? 그리고 신부님께서 우리를 위해 초탈에 대해 명확히 설명해 주시기 바랍니다. 우선, 신부님은 우리의 욕망이 우리를 구속한다고 말씀하셨습니다. 그렇다면 하느님을 향한 욕망은 어떤가요? 하느님은 욕망이 없는 가운데서 발견되는 분입니까? 우리는 하느님과 무욕을 동일하게 볼 수 있나요? 마지막으로, 가정에서 육체적으로 학대받는 사람에 대해서는 어떻게 생각하십니까? 그런 사람은 거기에서 어떻게 초연할 수 있을까요?

다른 질문보다 더 어려운 마지막 질문부터 답하도록 하겠습니다. 가정에서 학대받는 사람이 창가에서 세상을 관조하는 사람보다 낙담을 덜 하기는 확실히 훨씬 더 어렵습니다. 하지만 보십시오. 저는 이 일이 쉽다고 말하는 게 아닙니다. 저는 그런 일이 가능하다는 말을 하고 있습니다. 그리고 만일 그런 일이 불가능하다고 생각한다면 결코 그런 일은 일어나지 않을 것입니다. 사람들이 고문을 당해도 평화롭게 존재할 수 있을까요? 가능합니다. 저는 그런 사람들을 알고 있습니다.

저는 나치 독일에서 매일 고문을 당했던 한 사제의 비범한 편지를 읽었습니다. 그는 자신이 처형될 것이라는 사실도 알고 있었어요. 그는 자기 가족에게 숭고하면서도 사랑이 담긴 편지들을 썼습니다. 제가 20여 년 전에 그 편지들을 읽었을 때는 "어떻게 이럴 수 있지?"라고 생각했습니다. 지금 저는 그런 게 가능하다는 것을 압니다. 그러니 시작해야 합니다. 긴 여정도 첫 발자국과 함께 시작됩니다.

줄 서 있는데 중간에 끼어든 사람을 상대합시다. 언제나 잔소리하는 여인이나 항상 여러분을 경멸하는 사람과 관계합시다. 거기서 시작합시다. 제가 말씀드렸듯 그런 사람들이 여러분을 실망시키는 원인은 아닙니다. 실망은 여러분의 프로그램에서 옵니다.

여러분이 잘못이라고 보는 것을 잘못되지 않은 것으로 보라는 말이 아닙니다. 행동을 취하지 말라는 말도 아닙니다. 행동을 취하십시오. 그러나 여러분의 실망이 어디에서 오는 것인지 이해하시기 바랍니다.

🌿 참된 행복은 우리의 인간적 열망에서 나오며 행복을 통제하는 데서 오는 것입니까, 아니면 하느님과 예수 그리스도를 알려고 하는 열망에서 오는 것입니까?

하느님을 향한 열망에 대하여 토마스 아퀴나스는 『신학대전』 서문에서 이렇게 말하고 있습니다. "하느님에 대하여 우리는 이 정도로는 확실히 말할 수 있다. 그것은 우리가 그분이 무엇인지 알지 못한다는 것이다." 하느님은 인식적 지성을 넘어서는 분이시기에 우리는 그분을 신비라고 부릅니다.

우리는 심지어 생각조차 할 수 없는 분을 어떻게 열망할까요? 상징적이고 유비적으로 말한다는 것은 무엇일까요? 우리가 하느님을 열망하는 것에 대해 말할 때, 우리는 온전히 생각할 수 있고 이해할 수 있는 어떤 물건이나 사람처럼 하느님에 대해 말하는 게 아닙니다. 저는 그런 것을 말하고 있지 않습니다. 왜냐하면 우리는 우리가 열망하는 것을 알지 못하기 때문입니다.

그래서 하느님 열망에 대해 말할 때 사람들은 종종 어떤 이미지를 만들고 그 이미지를 열망하기 시작합니다. 그러나 알 수 없고 알려지지 않은 분, 인간의 모든 개념과 이해를 넘어서는 분, 곧 신비를 열망한다는 것은 무슨 뜻일까요? 우리는 전혀 알 수 없습니다. 무욕無慾과 같은 것일까요? 그럴 수도 있고 그렇지 않을 수도 있습니다.

그러나 지금 이 문제로 중심을 놓지 않기 바랍니다. 우리의 일을 해야 해요. 다른 문제라면 얼마든지 온갖 종류의 신학적 논의를 할 수 있습니다. 그러나 당분간은 우리가 해야 하는 일에 집중합시다. 자기-관찰, 자기-인식, 자기-이해, 자기-해방에 몰두하시기 바랍니다. 그러면 여러분은 하느님이 무엇인지에 대한 이해를 넘어서 더 잘 이해할 수 있을 것입니다.

🍃 만일 우리가 프로그램을 탓한다면 우리는 어떻게 성숙해질 수 있을까요? 우리가 프로그램 탓을 하는 것은 미성숙하게 사는 게 아닙니까? 그렇게 한다면 "악마가 나에게 그것을 하도록 만들었다" 또는 "나는 사회의 희생자다"라는 핑계로 이끌지 않습니까? 달리 말하면, 책임을 회피하는 게 아닙니까?

여러분은 여러분의 프로그램을 비난해야 할까요? 아

닙니다. 프로그램을 비난하라는 게 아니에요. 여러분은 프로그램을 이해해야 합니다. 프로그램을 비난하는 건 마치 "악마를 탓해라"라고 말하는 것과 같아요. 악마가 불쌍합니다. 제 말은, 여러분이 악마를 비난한다는 뜻입니다. 책임을 지세요. 그러나 우리는 현명하게 책임을 져야 합니다. 제가 낙담은 현실이 아니라 여러분 안에 있는 것이라고 했던 말을 기억하십니까? 현실을 비난하지 마십시오. 낙담은 여러분 안에 있습니다. 그렇다면 여러분은 여러분 자신을 비난해야 할까요? 여러분이 비난의 대상이 아닐 때 여러분 자신을 비난하는 것은 성숙한 태도가 아닙니다. 여러분은 의도적으로 자신을 비난하지는 않습니다. 그것은 여러분에게 주입된 프로그램 때문이에요. 제가 뜻하는 바가 이것입니다. 여러분은 여러분의 프로그램을 비난하지 말고 이해하십시오. 여러분이 자신을 비난하도록 만드는 출처가 바로 그곳입니다.

무릎을 탁자에 부딪쳤을 때 여러분은 고통이 탁자에 있지 않다는 것을 이해해야 합니다. 고통은 여러분의 무릎에서 벌어지는 일 때문에 생긴 겁니다. 고통은 탁자에 있지 않아요. 여러분이 현실에 부딪쳤을 때 일어나는 고통은 여러분 내부가 그 근원입니다. 고통은 현실 때문에 일어나는 것이 아니라, 여러분 안에서 일어나는 어떤 것이 고통의 원인이에요. 여러분이 일부러 그 고통을 낳고 있지는 않아요. 자기 자신을 위해서 누가 일부러 고통을 일으키겠습니까?

여러분은 이제 그 어떤 것이 무엇인지 이해해야 합니다. 왜 어떤 사람들은 이러한 과정을 거치지 않거나 스스로 그것에서 해방되며, 또 어떤 사람들은 거기에 영향을 받을까요? 이것이 책임입니다. 이해하는 것이에요. 이해한 결과 거기에서 자유롭게 되는 것입니다.

❦ 폭력적 범죄의 희생자와 관련해 저는 고통스런 감정을 느끼며 이러한 상황은 많은 혼란과 소외감을 초래합니다. 그리고 이러한 상황에서 낙담하지 말아야 한다는 생각을 갖는다는 것이 제게는 사람들에게 아주 냉혹한 것처럼 보입니다. 신부님과 같은 차원에 있지 않은 사람을 신부님은 어떻게 대하실 것인지 알고 싶고, 이러한 상황에 처한 사람에게 접근하고 공감을 보여 줄 수 있는 최선의 길은 무엇인지 알고 싶습니다.

누군가 완전히 낙담한 사람이 여러분에게 온다고 생각

해 봅시다. 그 사람은 범죄의 희생자이거나 어머니가 돌아가셔서 슬픔에 빠져 있습니다. "오, 당신은 슬픔에 빠져 있군요, 낙담하고 있어요. 뭔가 잘못돼 있죠?" 여러분은 이러한 태도를 취해서는 안 됩니다. 안 돼요. 여러분은 이해하실 거예요. 이 불쌍한 사람을 보십시오. 슬픔이 비록 집착에서 온다고 해도, 고통이나 소외감이 어떤 폭력에서 온다고 해도 이 사람이 그것을 일으키지는 않았습니다. 이해하시겠습니까? 제가 하는 말을 이해하시겠죠? 이 사람이 고통을 일으키는 원인은 아닙니다.

우리는 이 사람과 공감할 수 있고 이 사람을 이해할 수도 있습니다. 우리는 이 사람에게 연민을 느낄 수도 있어요. 그리고 이 사람이 준비되어 있다면 그의 고통이 어디에서 오는 것인지 부드럽게 설명할 수 있을 것입니다. 만일 어느 날이건 우리가 이 비밀을 알려 주지 않는다면 궁극적으로 우리는 고통에 공감할 수 없기 때문입니다. 제 설명이 분명한가요? 예를 들어, 누군가 여러분에게 상처를 입혔고 여러분은 낙담에 빠져서 나에게로 왔다고 생각해 봅시다. 저는 여러분을 이해할 것입니다. 저는 여러분이 왜 왔는지 이해할 것이고 여러분에게 연민을 느낄 것입니다. 그러나 어느 날, 어느 때, 어느 곳에서 여러분이 준비되어 있다면 저는 여러분에게 비밀을 알려 줄 겁니다. 그런 것이 참된 공감이라고 생각합니다. 여러분이 반드시 이 방법을 따를 필요는 없습니다. 다른 길도 있어요.

🍀 신부님은 우리를 실망하게 만드는 이들이 우리 주변에 있는 사람들도 아니고 우리 자신도 아니며, 바로 우리에게 주입된 프로그램이라고 하셨습니다. 우리가 어렸을 때 프로그램을 주입한 이들은 우리 주변에 있는 사람들이 아닌가요?

맞습니다. 그러나 주변에 있는 사람들이 어떤 악의를 가지고 우리에게 그런 일을 시작했던 것은 아니에요. 그들은 그런 일을 그들에게 했던 다른 사람들의 희생자들입니다.

자기 부모에 대해서 너무도 실망한 나머지 저에게 다가오는 사람들이 많이 있습니다. 그들은 부모를 용서할 수 없습니다. 부모를 증오해요. 좋아요, 저는 이해합니다. 저는 여러분의 부모님들이 옳은 일을 했거나 그른 일을 했다고 말하는 게 아닙니다. 아마도 잘못했을 수 있어요. 하지만 보십시오, 여러분은 부모님을 이해할 수 있습니까? 이해야

말로 사랑의 본질이기 때문에 여러분은 확인해야만 합니다. 사랑은 다른 사람을 탓하지 않습니다. 사랑은 다른 사람을 판단하지 않습니다. 사랑은 다른 사람을 비난하지 않습니다. 사랑이란 이해입니다. 여러분은 비난과 판단과 단죄가 어디에서 왔는지 이해할 수 있습니까? 악의는 별로 없지만 엄청난 무지가 횡행하는 현실을 여러분은 이해할 수 있습니까? 엄청난 선의와 엄청난 무력감이 있으며, 엄청난 프로그래밍이 있고 엄청난 혼란과 두려움이 있습니다. 이를 이해하려고 잠시 멈추어서 생각해 본 적이 있나요? 그렇다면 여러분은 사랑한다는 말의 의미를 이해하실 것입니다. 그러면 여러분도 변화될 것입니다.

❦ 저는 저의 행복이 집착과 욕망으로부터의 자유로 이루어진다는 것을 이제는 이해합니다. 저는 예수께서도 두려움과 상처와 분노를 경험했지만 그럼에도 아버지와 함께 평정을 잃지 않았다고 이해하고 있습니다. 그러나 현재 저의 문제는, 저의 행복이 아주 수동적인 인간 삶에 있지 않다고 믿는다는 것인데 그럴 때 저는 무감각한 좀비처럼 되곤 했기 때문입니다. 그러나 예수께서는 어떤 집착 없이 열정과 열망과 열의를 지니셨다

고 저는 느낍니다. 신부님께서 집착이 없는 열정과 열망과 열의에 대해서 말씀해 주셨으면 좋겠습니다.

제가 궁수에 대해서 이야기했던 것을 기억하십니까? 긴장이 없을 때 실망이 없고 내면의 힘이 풀려 나옵니다. 여러분은 참된 기쁨이 무엇인지 이해하실 거예요. 그리고 참된 열망도 이해하실 겁니다. 마음과 영혼을 다하여 삶으로 뛰어든다는 의미도 여러분은 이해하실 것입니다. 우리는 이것을 열정이라고 부릅니다. 바로 확실하게 삶으로 뛰어드십시오. 여러분은 주입된 감정으로 자신에게 상처 내는 일을 더 이상 하지 않을 것이기 때문입니다.

❦ 저는 우리가 낙담하는 프로그램을 주입받았다는 생각에 동의하기 어렵습니다. 어떤 것도 주입받지 않은 아주 어린 자녀들을 보면 그들도 낙담하는 게 자연스러워 보이기 때문입니다.

일리가 있는 질문입니다. 어린 자녀들은 자기에게 중요하다거나 필요하다고 생각하는 것을 얻지 못하면 실망합니다. 그런 다음 시간이 지나면 그것에 대해 까맣게 잊어버리거나 그것에 대해 신경 쓰지 않게 됩니다.

어린 자녀는 사람들에 대해 무관심할 수 없습니다. 누군가 어떤 사람을 보고 웃을 때 그것이 끔찍한 일이라고 어린 자녀에게 말하진 않습니다. 어린 자녀를 보고 웃으면 그 아이는 웃음을 되돌려 주어요. 아시겠습니까? 그것은 일종의 마약입니다. 통제입니다. 두 살 아이에게 사람들이 박수 치면 기분이 좋아질 것이고 그들이 으르렁대면 기분이 나빠질 것이라고 가르치면, 그것을 그대로 받아들이게 되고 게임은 끝난 것입니다. 프로그램이 주입되기 시작한 거예요.

🌿 전쟁 포로나 에이즈 환자 또는 불치병에 걸린 사람에 대해서는 어떻게 생각하시는지요? 이런 분들을 위해 할 수 있는 일이 실제로 아무것도 없지만 여전히 그들에 대해 속상한 마음을 가지고 있습니다. 어떻게 하면 이러한 사람에 대해 낙담하지 않으면서도 관심을 가질 수 있습니까?

에이즈에 걸려서 살아갈 날이 6개월밖에 남지 않았다는 말을 들었던 사람을 떠올려 보십시오. 그 사람은 완전한 평정 상태에 있었습니다. 여러분은 그가 평정 상태에 있을 때 낙담하길 원치 않을 거예요, 그렇죠? 그리고 평정 상태에 있지 않으면서 낙담하는 사람을 떠올려 봅시다. 저는 이렇게 말할 거예요. 여러분이 삶을 관상했다면 그 끝이 다가오고 있으며 결국 끝에 이른다는 것을 알게 됩니다. 그렇게 많은 책을 읽는 대신 창밖을 바라보는 멋진 일에 더 시간을 보낸다면, 다양한 계절이 있는 이곳에서 나뭇잎이 떨어지고 색깔이 바뀌는 것을 볼 수 있습니다. 이러한 것이 삶에 대하여 여러분에게 얼마나 많은 말을 하는지 생각해 보십시오. 이를 이해할 때 여러분은 삶의 흐름을 이해할 수 있습니다. 좋아요. 어떤 사람이 낙담하고 있습니다. 여러분이 스스로 낙담하면서 그 사람을 도와주지는 못할 것입니다. 이해할 수 있겠죠?

🍃 일부러 다른 사람에게 고통을 주는 상황에서는 신부님께서 말씀하신 것을 어떻게 적용할 수 있을까요?

누군가에게 의도적으로 고통을 주려고 했던 적이 있습니까? 이에 대해 가능한 한 간결하게 말씀드리겠습니다. 설명하는 데 한 시간은 너끈히 필요한 일이기에 오해하지 않기를 바랍니다. 어쨌든 위험을 감수하고 말하겠어요.

여러분이 누군가에게 해를 끼칠 때 여러분이 해를 끼치는 첫 사람은 바로 여러분 자신이라는 것을 알아야 합니다. 이해하시겠어요? 여러분이 누군가를 향해 증오를 키울 때 여러분이 가장 먼저 해를 끼치는 사람은 바로 여러분 자신이라는 겁니다. 그러면 어떤 사람들이 이런 짓을 할까요? 미친 사람들입니다. 누가 새로 산 값비싼 시계에 모래를 넣을까요? 미친 사람들입니다. 자리를 잡고 밥을 먹는데 자살하려고 음식에 유리 가루를 넣는 사람은 누굴까요? 미친 사람들입니다. 미친 사람들이 죄를 짓습니다. 그들은 제정신이 아니에요. 그들은 자신을 죽이고 있습니다.

첫째, 행동을 완벽하게 통제하는 것으로 보이는 사람들에 대해 신부님께서 조언을 좀 해 주시겠습니까? 둘째, 자기는 원하지 않는 일을 하고, 정말로 원하는 일은 할 수 없다고 한 바오로의 말씀은 어떻게 생각하십니까?

첫 번째 질문부터 대답하겠습니다. 어떤 사람들은 자신에게 감정을 허락하지 않으면서 스스로 엄해짐으로써 자신을 완벽하게 통제합니다. 여러분은 이러한 상황과 제가 여러분에게 오늘 말한 것 사이의 차이점을 이해하시겠습니까? 보십시오. 두 부류의 사람들이 있습니다. 한 부류는 어떤 것도 스스로 느끼길 거부합니다. 그들은 스스로 엄해지는 사람들입니다. "나는 신경 쓰지 않을 거야. 신경 쓰지 않을 거라고. 전혀 신경 쓰지 않을 거야." 이것은 한 극단입니다. 별 도움이 안 됩니다. 제가 말하는 두 번째 부류의 사람들은 낙담을 경험하지만 이해를 통해서 그것을 초월합니다. 그들은 낙담을 극복합니다.

바오로는 자신이 원하지 않는 일을 한다고 말합니다. 바오로는 누가 이러한 일에서 나를 빼내 줄 것인가 묻습니다. 그리스도의 은총이 빼내 줄 것입니다. 그리스도의 은총은 다양한 방식으로 옵니다. 여러분은 그리스도의 은총을 여러분에게 부어지는 어떤 실체로 이해하지 말아야 합니다. 실재에 대해 더욱 깊은 이해에 도달했을 때 그것은 그리스도의 은총이 아닐까요? 여러분이 여러분 자신을 더욱 잘 이해하게 된다면 그것은 그리스도의 은총이 아니겠습니까? 그리스도의 은총은 그러한 곳에 있습니다.

🍃 신부님은 온 생애 동안 특정 가치들로 구성된 프로그램을 주입받아 왔습니다. 그리고 신부님이 맺은 관계들 안에서 일부 가치들과는 타협하라는 요구도 받습니다. 설사 다른 사람들도 프로그램을 주입받아 왔다는 것을 신부님이 이해한다 하더라도, 신부님은 어떻게 한계를 정하며 얼마나 타협을 하십니까? 아니면 그냥 끊어 버립니까? 신부님이 주입받은 프로그램이 신부님을 낙담시킨다는 것을 이해한다면, 신부님의 통제를 넘어서는 문제들에 압도당할 때 신부님은 어떻게 낙담에 빠지는 상태에서 스스로 자유롭게 되시는지요?

너무 조급하게 생각하지 마십시오. 이 모든 것이 하루아침에 이루어질 것이라고 기대하지 마십시오. 운이 좋은 분들도 있습니다. 그분들은 금방 깨닫는 것처럼 보이며, 그 깨달음은 삶에 중요한 영향을 미칩니다. 그렇지 않은 분들은 시간이 좀 걸려요. 몇 주가 걸리기도 하고 몇 달이 걸리기도 합니다. 저는 이 점 한 가지만은 장담할 수 있어요. 시작하십시오. 그러면 일주일 안에 결과를 얻게 될 것입니다. 하지만 주입된 프로그램의 깊이에 따라서 낙담은 여전히 따라오게 될 것입니다.

이제 두 번째 질문으로 넘어갑시다. 우리는 어떤 가치에 대해서, 좋은 것과 나쁜 것에 대해서도 타협할 필요가 없습니다. 우리는 다른 사람들과 상대하면서 그런 것에 대해 전혀 타협하지 않습니다. 우리는 사람들의 사랑이나 선의나 승인을 얻기 위해서 악한 짓을 하지 않습니다.

제가 짧은 시간에 너무 빨리 많은 것을 제시하고 있기 때문에 다소 혼란스러울 수 있습니다. 그러나 시간이 지나감에 따라서, 특히 열린 마음으로 제 말을 듣는다면, 문제는 저절로 더욱 선명해질 것입니다. 열린 마음에 대해서 말해 볼까요? 수영복을 입고 수건을 걸친 채 사하라사막에 있던 브루클린 출신의 사내에 대해서 들어 본 적이 있습니까? 사하라사막을 걸으면서 그는 한 아랍인을 만납니다. "안녕하세요?" 아랍인도 인사합니다. "안녕하세요?" 그가 물어요. "여기에서 바다는 얼마나 멀리 있나요?"

"바다요? 오, 이런, 여기에서 수천 마일이나 떨어져 있어요." 브루클린에서 온 사내가 말합니다. "맙소사, 여기 어딘가에 해수욕장이 있을 거 아니에요."

해수욕장?

열린 마음, 열린 마음.

메시지가 담긴 이야기들

• 불의 선물 •

 불을 발명한 사내가 있습니다. 그는 불을 일으킬 도구를 챙겨 북쪽으로 갑니다. 그곳에는 추위에 떨며 살아가는 몇몇 부족이 있어요. 그는 그들에게 불을 만드는 기술과 그 이점을 가르쳐 줍니다. 사람들은 흥미를 보이고 불을 만들게 됩니다. 그들은 금방 요리를 하고 불을 이용해서 건물을 짓고 불을 발명한 사람에게 고맙다고 합니다. 불을 발명한 자는 사라졌어요. 그는 감사의 말을 원치 않았습니다. 단지 사람들에게 도움 주기만을 바랐어요.

 그는 또 다른 부족에게 가서 그들이 자신의 발명에 흥미를 갖도록 합니다. 그러나 그곳에서 곤란한 문제를 만났어요. 사제들은 이 사내의 인기가 치솟는 바람에 자신들의 영향력이 줄어들고 있다는 것을 깨달았어요. 그래서 그들은 그를 독살하기로 결정합니다. 사람들 사이에서는 사제들이 그런 짓을 저질렀다는 풍문이 돌았어요. 그러자 사제들이 무슨 짓을 했는지 아십니까?

 그들은 그 남자의 초상화를 거대하게 만들고 신전의 주

요 제단에 그 그림을 놓았습니다. 사제들은 그 남자가 존경받을 수 있도록 전례를 고안해 냈습니다. 하나의 의례였죠. 해마다 사람들은 이 위대한 발명가와 불을 일으키는 도구에 경의를 표했습니다. 그리고 그 의례를 충실하게 지켰어요. 하지만 그곳에 불은 없었습니다. 불이 없었어요. 의례와 기억, 감사와 경배는 남았지만, 불은 없었습니다.

"너희는 어찌하여 나를 '주님, 주님!' 하고 부르면서, 내가 말하는 것은 실행하지 않느냐?"

그분께서 우리에게 말하는 것은 무엇입니까? 사랑. 사랑입니다. 그분은 사랑을 말하고 있습니다. 사랑하는 데 가장 큰 장애는 무엇일까요? 제가 지금까지 말한 것입니다. 우리에게 주입된 프로그램. 우리의 강박적인 집착. 이러한 것들이 사랑을 막고 있습니다. 제가 오늘 강연에서 여러분에게 보여 주고자 했던 것도 바로 이것입니다. 세상에서 가장 위대한 종교는 사랑이라고 불리는 종교입니다. 주님, 주님이라고 불리는 종교가 아닙니다. 사랑에 대해 누가 이러한 것을 말하고 있을까요? 예수 그리스도입니다. 그리스도인인 우리가 이 관점을 결코 잃어버리지 않기를 바랍니다.

• 은총과 노력 •

은총과 노력의 문제와 관련해 신심 깊은 노인에 대한 멋진 이야기가 있습니다. 그분이 하루는 하느님께 말했어요. "하느님, 제가 일생 동안 얼마나 하느님을 충실하게 섬겼는지 보십시오, 맞지요?" 물론 그분은 응답을 듣지 못했습니다.

그분은 "맞다"라고 스스로 말했습니다. "나는 당신께 어떤 것도 요구했던 적이 없어요, 맞지요?"

그분은 물론 하느님을 대신해 "맞다"라고 말했어요. 그리고 덧붙였습니다. "이제 저는 당신께 단 한 가지, 당신께서 거절하지 못할 것을 요청하겠습니다. 일생 동안 저는 당신을 섬겼습니다. 저는 율법을 지켰고 의례를 준수했습니다. 사람들에게 선한 일을 했고 당신의 계명을 지켰습니다. 그러니 이 한 가지는 꼭 들어주십시오. 제가 복권에 당첨되게 해 주십시오. 그러면 저는 평화 속에서 안심하고 은퇴할 수 있습니다."

그는 하느님께서 욕망을 채워 주실 것이라고 확신해 기다리고 기다리고 기다렸습니다. 매일 밤 기도를 계속 드렸습니다. 그러나 6개월이 지나도 아무런 일이 일어나지 않았습니다. 어느 날 밤 완전히 낙심하여 소리 질렀습니다.
"하느님, 제게 휴식을 좀 주십시오. 제가 복권에 당첨되게 해 주세요."

하느님으로부터 이런 소리를 들었을 때 그가 얼마나 놀랐을지 상상해 보시기 바랍니다.

"네가 나에게 휴식을 좀 주려무나. 복권을 사고 기다려야지!"

그는 복권을 사지 않았던 것입니다.

여러분의 복권을 확실하게 가지고 있길 바랍니다. 여러분의 이해력을 확실히 사용하기 바랍니다. 기적이 일어나길 기대하지 마세요. 바라보고 이해하십시오. 그 결과가 변화입니다.

• 사냐시의 부유함 •

끝내기 전에 제가 말씀드리고 싶은 두 번째 요점은 행복과 관련이 있습니다. 제가 좋아하는 이야기를 전해 드리겠습니다. 이야기는 우리 내면 깊은 곳을 건드리기 때문에, 때로는 이야기 하나를 듣는 게 온종일 강의를 듣는 것보다 더 낫습니다. 지금 말씀드릴 이야기가 적어도 제게는 그랬어요. 인도에 있는 자기 마을을 떠나려는 한 사람에 대한 이야기입니다. 그는 인도에서 사냐시라고 부르는 사람을 만납니다. 사냐시는 탁발 수도승입니다. 깨달음을 얻은 이 사람은, 온 세상이 자기 집이고 하늘은 지붕이며 하느님은 그의 아버지이고 자기를 돌보아 주실 것임을 이해합니다. 그래서 그는 우리가 이 방에서 저 방으로 옮기듯이 이곳에서 저곳으로 돌아다닙니다.

마을을 떠나려던 사람은 사냐시를 만나자 "저는 이것을 믿을 수 없어요"라고 말했습니다.

그러자 사냐시가 말해요. "믿을 수 없는 것이 뭐죠?"

그 사람이 말합니다. "지난밤 선생님에 대한 꿈을 꾸었습니다. 주님이신 비슈누께서 저에게 '너는 내일 아침 11시에 마을을 떠날 것이고 방랑하는 사냐시를 만날 것'이라고 말씀하셨고 지금 여기에서 선생님을 만났습니다."

사냐시가 물었습니다. "비슈누께서 또 다른 것을 말씀하셨나요?"

그러자 그 사람이 대답해요. "비슈누께서는 '만일 탁발승이 가지고 있던 귀중한 돌을 너에게 준다면, 너는 세상에서 가장 부유한 사람이 될 것'이라고 말했습니다. 저에게 그 돌을 주실 수 있습니까?"

사냐시가 말합니다. "잠깐만 기다려요." 그는 자기의 작은 바랑을 뒤진 후 물었어요. "이것이 당신이 말하는 그 돌인가요?" 그 남자는 자기 눈을 믿지 못했습니다. 그 돌은 다이아몬드였기 때문이죠. 세계에서 가장 큰 다이아몬드였습니다.

그는 그 다이아몬드를 손에 들고 묻습니다. "제가 이걸 가져도 될까요?"

사냐시가 말합니다. "물론이죠. 가져도 됩니다. 전 그것을 숲 속에서 발견했어요. 기꺼이 드릴게요." 그 남자는 계속 걸어가서 마을 변두리 나무 아래 앉습니다. 다이아몬드를 손에 쥐었고 엄청난 기쁨을 느끼지요.

이것이 우리가 기쁨을 느끼는 방식입니다. 그렇죠? 우리가 정말로 원하는 어떤 것을 손에 넣으면 기쁘지 않습니까? 여러분은 그 기쁨이 얼마나 오래갈 것인지 묻기 위해서 멈추어 본 적이 있나요? 여러분은 원하던 여자를 얻었어요, 원하던 남자를 얻었습니다. 원하던 차를 손에 넣었고 학위도 받았어요. 여러분은 대학에서 1등을 했습니다. 그 기쁨은 얼마나 오래갈까요? 따져 봅시다. 정말로 따져 보는 거예요. 몇 초나 될까요? 몇 분이나 될까요? 그 시간을 따지는 게 벌써 피곤해 보이네요, 그렇죠? 그렇다면 여러분은 다른 무엇을 찾고 있습니다. 그렇지 않은가요?

우리는 왜 이것을 공부하지 않죠? 이 공부는 성서를 연구하는 것보다 더 가치 있는 일입니다. 만일 여러분이 성서를 연구하고도 그것들에 기초해서, 예수께서 당하셨듯이, 십자가에 메시아를 못 박는다면, 만일 여러분이 이것을 이해하지 못했다면, 만일 여러분이 산다는 것을 이해하지 못했다면, 자유롭게 된다는 것을 이해하지 못했다면, 영성적이 된다는 말을 이해하지 못했다면, 여러분에게 무슨 소용이 있겠습니까?

결국 그 남자는 다이아몬드를 가졌어요. 그리고 집으로 돌아가는 대신 나무 밑에 앉았습니다. 하루 종일 앉아서 생각에 잠겼어요. 저녁이 되어 그는 사냐시가 앉아 있는 나무로 갑니다. 그리고 다이아몬드를 돌려주며 묻습니다. "제 부탁을 하나 들어주시겠습니까?" 사냐시가 말합니다. "무엇입니까?"

"선생님께서 다이아몬드를 그토록 쉽게 거저 줄 수 있게 만든 그 부유함을 저에게 주실 수 있습니까?"

저는 이 이야기를 좋아합니다. 다이아몬드를 그렇게 쉽게 거저 줄 수 있게 만드는 그 부유함을 저에게 주시겠습니까? 오늘 제가 지금까지 말한 것은 바로 이에 대한 내용입니다.

세상은 슬픔으로 가득 차 있습니다. 슬픔의 뿌리는 집착입니다. 슬픔을 없애는 길은 집착을 내려놓는 것입니다. 집착이란 하나의 거짓 믿음이라는 것을 이해하십시오. 어떤 물건이나 어떤 사람이 여러분을 행복하게 해 줄 수 있다는 거짓 믿음. 참된 행복에는 원인이 없습니다. 만일 여러분이 신비가에게 왜 행복하냐고 묻는다면, 이런 대답을 들을 것입니다. "왜 행복해선 안 됩니까?" 방해물도 없고 장애도 없는데 왜 행복하면 안 되죠?

만일 어떤 것이 여러분에게 행복을 준다면 그 어떤 것을 잃어버릴 때 여러분의 행복도 파괴될 것이라는 사실을 생각해 본 적이 있습니까? 만일 어떤 것이 여러분에게 행복을 준다면 여러분은 그것에 대해 강한 소유욕을 지니게 된다는 사실을 경험해 본 적이 있나요? 배움, 명성, 건강, 목숨 등 모든 것이 집착의 대상이 될 수 있습니다. 그러나 삶을 다시 발견하는 일은 대단히 흥미롭습니다. 여러분은 삶에 대한 집착을 멈추기 전에는 결코 제대로 살지 못할 것입니다. 그러니 흘러가게 두십시오. 여러분이 매달릴 때 행복은 죽습니다. 만일 여러분의 행복이 어떤 사람이나 그 무엇에라도 의존하게 된다면 그것은 행복이 아니에요. 그것은 걱정입니다. 긴장이에요. 스트레스이고 공포입니다.

• 얼마나 달콤한가 •

달콤함에 대해 기막힌 이야기가 있습니다. 아주 힘 있는 이야기죠. 호랑이에게 쫓겨 도망가는 사내에 대한 이야기입니다. 그는 벼랑 끝에 몰리게 되고 자신도 모르게 벼랑에서 미끄러지기 시작합니다. 미끄러지는 와중에 거기에 자라난 나뭇가지를 잡습니다. 그러고는 밑을 내려다보고 있어요. 올라갈 수 있는 방법이 없을뿐더러 어떻든 꼭대기에는 호랑이가 그를 기다리고 있지요. 5천 미터 높이의 벼랑이기 때문에 미끄러져 떨어질 경우에는 물론 죽게 됩니다. 그는 무엇을 할까요? 살 수 있는 시간은 단지 몇 분밖에 없어요.

그는 자기가 붙잡고 있는 나뭇가지가 산딸기나무 가지임을 알게 됩니다. 한 손으로 나뭇가지를 붙잡고 있는 상태에서 다른 손으로는 산딸기를 따서 입에 넣고 맛을 봅니다. "아, 정말 달콤하군." 멋진 이야기죠?

저에게는 서로 다른 시기에 만난 두 친구가 있습니다. 죽어 가고 있던 그 친구들은 제게 이렇게 말했어요. "난 삶을 흘러가게 두었을 때에야 삶을 참으로 맛보기 시작했고 삶이 얼마나 달콤한지 알게 되었어." 역설적이지만, 우리는 행복해지기 위해서 완전히 잘못된 일을 하고 있습니다.

우리는 불행해지기 위한 프로그램을 주입받았어요. 행복해지기 위해서 우리가 하는 모든 일은 우리를 더욱 불행하게 만듭니다. 여러분은 무엇을 하려고 하십니까? 여러분은 스스로 변화하려고 합니까? 다른 사람을 변화시키려고 합니까? 무엇인가를 얻고자 하나요? 여러분은 어떤 일도 할 필요가 없습니다. 여러분은 이해해야 합니다. 차단막을 떨쳐 내야 해요. 거짓 믿음을 떨어내십시오. 집착이 떨어지면 여러분은 그때에야 행복이 무엇인지 알게 될 것입니다.

말로 설명하기는 아주 쉬워요. 며칠 동안 이에 대해 명상하면 진실을 체험할 것이고 저나 다른 누구의 말을 들을 필요가 없을 것입니다. 여러분은 손에 넣을 것입니다. 배우게 될 겁니다. 보게 될 거예요. 여러분이 지금 집착하는 이유는 단 한 가지입니다. 이 일이나 저 사람, 이 상황이나 사건 등이 없으면 행복하지 않을 것이라는 거짓 믿음 때문이에요. 이 믿음이 거짓임을 이해하면 여러분은 자유롭게 됩니다. 아주 단순해요.

우리는 행복을 찾아서 땅을 샅샅이 뒤지고 있으며 사방을 뛰어다니고 있습니다. 그러나 행복은 바로 지금 여기 집 안에 있는데, 우리는 그것을 이해하지 못했어요. 우리는 온갖 종류의 설교를 들었고 온갖 종류의 책을 연구했으며 온갖 종파의 교회에 갔습니다. 그러나 우리는 결코 행복을 듣지 못했어요. 메시아는 바로 그곳에 있었지만 우리는 그분을 결코 인식하지 못했습니다. 행복은 우리 코밑, 바로 거기에서 우리를 응시하고 있었어요. 우리는 그것을 보지 못했습니다.

인간관계의 문제?

사람들과 관계하는 데 어려움을 겪습니까? 여러분은 어떤 이유에서든지 누군가를 이기적이거나, 변덕스럽거나, 신뢰할 수 없거나, 거절을 잘하거나, 어리석거나, 참을 수 없거나, 무책임하다고 여깁니다. 여러분이 인간관계에서 가지는 어려움들을 생각해 보십시오. 여러분은 이 모든 문제들의 뿌리를 알고 있습니까? 정신을 바짝 차리십시오. 그 뿌리는 바로 여러분입니다. 그들이라고요? 아니에요. 바로 여러분, 여러분이에요. 여러분이 어려움을 겪고 있다고요? 여러분이 그 원인입니다. 여러분은 어떻게 영향을 받게 되었나요?

여러분은 나에게 와서 말합니다. "의사 선생님, 위경련이 생겼어요. 죽겠어요. 정말 끔찍합니다."

의사인 제가 대답합니다. "알았어요. 부인을 위해 처방을 내려 주겠어요."

여러분이 말하죠. "좋아요. 벌써 기분이 훨씬 나아졌네요. 선생님, 고맙습니다."

미친 짓이죠? 어려움을 겪고 있는 사람이 누구입니까? 바로 여러분이에요. 그렇죠? 그러나 우리는 나 아닌 다른 모든 사람들이 바뀌어야 한다고 생각하는 것을 당연하게 여기면서 자라났어요.

만일 여러분이 낙담한다면 여러분에게 무언가 잘못이

있는 겁니다. 이 문제를 바로 보아야 해요. 여러분이 묻습니다. "하지만 선생님, 그 여자에게는 잘못이 없다는 뜻인가요?" 그 여자에게 잘못이 있습니다. "그런데 그 여자는 변화하지 않아도 괜찮다는 말입니까?" 물론 그 여자도 변화해야 합니다. 그렇지만 그 여자를 변화시킬 사람은 여러분이 아니에요. 여러분이 먼저 바뀌어야 합니다.

여러분의 눈에 있는 들보를 먼저 빼내는 게 어떻겠습니까? 그런 다음에야 그녀의 눈에 있는 티를 제거할 수 있을 것입니다.

여러분은 심지어 그녀를 보고 있지도 않아요. 왜 그런지 아십니까? 여러분이 실망을 느낄 때 여러분의 망원경은 초점을 잃어버리기 때문이에요. 여러분이 낙담할 때 여러분의 창문은 흐릿해집니다. 창문이 비 때문에 흐려졌는데 건물 전체를 바로잡으려고 하는 건 바보짓이에요. 먼저 여러분의 창문을 깨끗하게 해야 하지 않을까요? 바로 이 일이 제가 여러분을 위해 하려는 일입니다. 우선 창문을 깨끗이 하고 그 창문을 통해서 다른 사람들을 바라보십시오. 그러면 필요한 일과 필요하지 않은 일을 알게 될 것입니다.

사람들을 볼 때 우리는 그들을 있는 그대로 보는 게 아니라, 있는 그대로의 우리 입장에서 그들을 봅니다. 우리가 처음에 어떻게 해서 사람들을 무례하다고 이해했는지를 보면 놀랍습니다. 그다음에 우리가 변화하면 우리는 겁에 질린 사람들을 봅니다. 가엾은 일이지만 사람들은 너무도 두려워하기 때문에 적개심을 가지는 쪽으로 움직이게 됩니다. 여러분이 변화한 다음에는, 이전이라면 분노와 미움으로 반응하곤 했던 상황을 이해하게 되고 연민을 가질 수 있습니다. "이봐, 잠깐만. 그는 왜 그렇게 예의가 없지?" 여러분은 바로 보기에는 너무 실망해 있어요. 깨닫기에는 너무 낙담해 있습니다. 먼저 상대방을 깨끗하게 해야 하는 걸까요? 아닙니다, 아니에요. 여러분은 제가 모든 사람을 위한 처방을 내릴 수 있기를 기대하면서 저에게 왔습니다.

우리는 모두 변화 업종에 종사하고 있어요, 그렇죠? 우리는 우리 자신을 변화시키고자 하며 세상을 변화시키길 원합니다. 이것이 바로 우리가 주입받은 멍청한 프로그램이 우리에게 시킨 일이에요. 여러분에게 필요한 일은 변화가 아니라 이해입니다. 여러분 자신을 이해하세요. 다른 사람들을 이해하십시오.

이제 제가 하려는 말은 아주 듣기 거북하겠지만 진실입

니다. 여러분은 세상을 변화시키려고 여기에 있지 않아요. 세상을 사랑하기 위해 여기에 있는 겁니다. 그런데 어리석게도 여러분은 세상을 사랑하길 원치 않고 변화시키길 원합니다. 사랑한다는 게 무슨 뜻인지 알고 있나요? 사랑한다는 것은 본다는 걸 의미합니다. 본다는 것. 여러분이 보지도 않는 것을 무슨 수로 사랑하겠습니까? 그리고 부정적이든 긍정적이든 강한 감정이 밀려든다면 어떻게 볼 수 있겠습니까?

사람들은 말하죠, 사랑이란 맹목적인 것이라고. 헛소리예요. 사랑만큼 명석한 것도 없습니다. 세상에서 가장 명석한 게 사랑이에요. 맹목적인 것은 집착이에요. 멍청하기 때문에 집착합니다. 집착은 거짓 믿음에 기초해 있기 때문입니다. 그런데 사람들은 그걸 사랑이라 부르죠? "난 당신과 사랑에 빠졌어요. 당신을 사랑합니다." 뭐라고요? 나를 사랑하는 건가요, 아니면 당신 자신을 사랑하는 건가요? 사랑에 빠졌다는 게 무엇을 의미하는지 아십니까? 사랑에 빠졌다는 말은 "나는 나를 위해 당신을 원한다"라는 뜻입니다. 사랑에 빠졌다는 것, 나는 사랑에 빠졌다는 것은 "나는 당신을 소유하고 싶다"라는 뜻이에요. 당신과 사랑에 빠졌다는 것은 "나는 나를 위해 당신을 원한다, 나는 당신 없이 행복하지 않을 것이다, 나는 감정적으로 당신에게 의존한다, 나는 당신 없이 행복할 수 없다"를 뜻해요.

이것은 마약입니다. 질병이에요. 여러분의 문화와 제가 속한 문화는 사랑이 최고의 덕이라고 말합니다. 쓰레기일 뿐이지요. 하지만 누가 감히 이렇게 말하겠습니까? 여러분은 눈이 멀어 있습니다. 사랑에 빠졌을 때 여러분은 자기 자신으로 꽉 차 있습니다. 이러한 것을 생각해 본 적이 있나요? 여러분은 다른 사람을 보지 못해요. 여러분이 바라는 이미지를 그 사람에게 투사한 후 그것을 사랑하는 겁니다. 우리가 다른 사람으로부터 아무것도 기대하지 않을 때에는 사랑에 빠졌다고 말하지 않습니다.

그러니 만일 다른 사람들과 관계를 맺는 데 어려움이 있다면 자기 자신을 살펴보기 바랍니다. 왜 낙담하는지 자신에게 물어보세요. 낙담의 진원지는 어디인가요? 낙담은 여러분이 주입받은 프로그램에서 옵니다. 그곳이 낙담의 진원지예요. 나를 짜증 나게 만드는 어떤 사람들의 행동이 다른 사람들에게는 그렇지 않은 것처럼 보일 때 저는 때로 놀랍니다. 저는 질문을 던져 봅니다. "이러한 행동에 노출되었는데도 그는 어째서 방해받지 않는가? 나는 왜 방해받는가? 무언가 나에게 잘못이 있다." 당시 나는 나를 짜증나게 만드는 사람을 변화시키려고 하는 데 골몰해 있었습니다. 내가 낙담하지 않는다면 그건 좋은 일이죠. 그런 다음에 나는 어떤 것을 제안하거나 어떤 일을 할 수도 있겠지요. 이제 나는 변화의 문으로 들어갈 자격을 얻고 변화를 수반하는 어떤 행동을 할 수 있습니다. 그러나 그 전에는 아니에요. 내 망원경이 초점을 잃었기 때문입니다.

인간관계를 개선할 수 있는 놀라운 비밀이 있습니다. 어쨌든 저는 엄청난 도움을 받았어요. 누군가와 어려움을 겪고 낙담할 때마다, 저는 자신에게 이렇게 말합니다. "이봐, 토니! 너에게 뭔가 잘못이 있어. 너와 내가 앉아서 이것을 깊이 살펴보면 어떨까, 괜찮지?"

"좋지, 하지만 이걸 정말로 그 사람에게 말하고 싶어 미치겠다…."

"아니야, 넌 지금 낙담해 있어. 이 낙담은 그에게서 오는 게 아니고, 너에게서 오는 것도 아니야. 네가 주입받은 프로그램에서 오는 거라고." 저는 봅니다. 갑자기 전망이 생겨요. 거리가 있습니다. 이해가 있어요. 결국 사랑이 있습니다. 그리고 이것은 아주 얻기 어려울 수 있어요. 여러분에게는 아주 어려울 수 있습니다. 그러나 사랑은 공평합니다. 사랑은 공정해요. 사랑은 봅니다. 사랑은 편견을 갖지 않습니다. 좋아요, 인간관계에 대해서는 이 정도로 그치겠습니다.

사랑은 흥정이 아니다

우리가 어렸을 때 들었던 새빨간 거짓말이 있습니다. 너는 사랑받아야 해. 어렸을 때는 이 말이 그런대로 괜찮아요. 이에 대해서 논쟁할 필요는 없습니다. 하지만 만일 여러분의 나이가 예순네 살이라면? 스물다섯이라면? 열여덟이라면? 사람들이 여전히 말하는 게 무엇인지 알고 있나요? 너는 사랑받아야 해. 너는 성공해야 해. 너는 인정을 받아야 해. 너는 환영받아야 해. 너는 지지받아야 해. 너는… 쓰레기가 필요해. 그리고 모든 사람이 이를 믿고 있습니다.

여러분에게 필요한 것을 알려 드리겠습니다. 오직 한 가지밖에 없어요. 여러 해 동안 성찰해서 얻은 것입니다. 필요한 것은 오직 한 가지밖에 없어요. 정서적으로 필요한 것은 오직 한 가지, 바로 사랑하는 일입니다. **사랑하는 일**. 이 외에 다른 것은 필요하지 않아요.

"제가 사랑받을 필요가 없다는 뜻인가요?"

잠깐만요. "사랑을 받는다"고 할 때 무엇에 대해 말하는지 알고 싶은데요? 욕망의 대상이 되어야 할 필요에 대해서 말하는 것인가요? 욕망의 대상이 되고 싶은 욕구에 대해서 말하고 있는 게 맞습니까? 사실 모든 사람이 이것에 대해 말합니다. 달리 표현하자면, "나를 욕망하는 사람이 아무도 없는 것 같다"는 것이에요. 욕망의 대상이 되기를 원합니까? 그러한 욕망이 야기하는 모든 결과를 원하나요? 그 모든 통제와 조작을? 이러한 것에 대해 말하고 있습니까?

여러분은 환영받을 필요가 있어요. 좋습니다. 이 이야기를 잘 들어 보세요. 여러분을 위해 극화시켜 보겠습니다. 일단 여러분이 자신을 이해하기 시작하면, 여러분은 타인들을 이해하기 시작하고 때로 이 일은 놀랍습니다. 여러분은 이런 생각을 할 수 있어요. **전처럼 그렇고 그런 상황이 오는구나, 내가 그를 어떻게 행복하게 할 것인지 보자, 됐**

지? 아니면, 이렇게 말합니다. "이봐, 탐! 너 오늘 아침 아주 좋아 보이는데. 세상에나, 20년은 젊어 보이는 걸." 와우, 탐이 아주 행복해하는군. 또는, "오늘 강론 정말 감동적이었어요"라고 할 수도 있겠죠. 그러면 그는 황홀한 기분을 느낄 거예요. 여러분은 사람들을 마음대로 주무를 수 있을 겁니다.

어쩌면 이미 그렇게 했을지도 모르죠. 여러분은 이러한 얼간이들에게 무엇이든 할 수 있습니다. 그들에게 그냥 좋아한다고 말하고 그들 자신에 대해 무언가 좋은 점을 말하세요. 처음에 그들은 짜릿한 기분을 느낍니다. 그다음에는 여러분을 사랑할 거예요. 그들이 사랑이라고 부르는 것은 물론 얼간이 사랑이죠. 여러분은 사랑이 무엇인지 아세요? 잘 들어 보세요. "당신은 나에게 잘해 주었어요, 나도 당신에게 잘해 줄게요, 됐죠? 당신은 내가 원하는 것을 주지 않았어요, 나는 당신을 싫어할 거예요, 괜찮죠?"

이러한 것이 사랑인가요?

전 이것을 흥정이라고 부릅니다. 여러분은 이러한 "사랑"을 시장이나 금융가에서 볼 수 있어요. 사랑을 해야 한다고 여기지만 누구도 이것을 우리에게 말하지 않아요. 아무도 우리를 위해 이것을 분석해 주지 않습니다. 그런 사람이 거의 없어요. "이봐, 네가 사랑이라고 부르는 것은 사실 흥정이야. 그것은 주고받는 거라고. 물물교환이란 말이야. 상업적인 거래야." 저는 누군가 이렇게 말하는 것을 들어 본 적이 없습니다. 저는 수많은 종교인들이 쓴 결혼에 관한 책을 읽었어요. 그들은 이에 대하여 최소한의 인식도 없는 것처럼 보입니다.

기본적으로 이렇습니다. "네가 나에게 잘 대해 주었으니 나도 너에게 잘해 줄게." "너는 나에게 잘 하지 않아, 나를 배신했어, 나에게 불성실해, 충실하지 않아, 그래서 내가 너에게 화가 나고 내가 낙담하는 것은 당연한 일이야." 모든 사람이 그렇게 말해요. "맞아, 당연한 일이지." 당연하다고요? 여러분은 이것을 사랑이라고 부릅니까? 여기 컴퓨터가 있어요. 빨간 단추를 누르면 여러분은 그 사람을 찬양합니다. 와, 그는 아주 행복해져요. 파란 단추를 누르면 그를 비판합니다. 이런, 바닥에 뻗어 버렸어요. 여러분은 이런 방식이 좋습니까?

세계에서 가장 신망 있는 심리학자들이 쓴 책들은 그게 일반적인 방식이라고 우리에게 말하고 있습니다. 사람들이 여러분에게 '당신 괜찮다'고 말하면 기분이 좋아질 거라는 거죠. '당신 괜찮지 않다'고 하면 기분이 나빠진다는 거예요. 인간이면 이렇게 예상된다는 겁니다. 저는 이것을 기계와 같은 삶이라고 불러요.

언젠가 한 여인에 대한 이야기를 읽은 적이 있습니다. 그녀가 10대 아들에게 물어요. "메리는 너에게서 무엇을 보니? 메리가 너를 좋아하는 이유는 뭐지?"

아들이 대답합니다. "메리가 나를 좋아하는 이유는, 우선 내가 잘생겼다는 것이고, 두 번째는 내가 똑똑하다는 것, 셋째는 내가 좋은 친구라는 거야."

그러자 어머니가 물어요. "너는 메리의 무엇이 좋으니?"

아들이 대답해요. "내가 메리를 좋아하는 이유는, 첫째, 메리가 나를 똑똑하게 여기고, 둘째, 내가 잘생겼다고… 보기 때문이야."

저를 믿으세요. 사람들은 어리석어요. 여러분이 사람들에게 좋아한다고 말하면, 그들은 여러분을 좋아할 거예요. 그게 어리석은 사람들이 사는 방식입니다. 이들은 컴퓨터들이에요. 기계적으로 반응하는 기계들입니다. "왜 신문을 다른 곳에서 사지 않나요? 그가 얼마나 무례한지 보세요."

"왜 내가 어디에서 신문을 살 것인지 그 사람이 결정하도록 해야 합니까? 나의 삶에서 내가 하는 일을 왜 그의 행동에 따라 결정해야 하는 거죠?" 아름답지 않습니까?

그러나 여러분을 위해서 말씀드린다면, 여러분은 모두를 사랑하시고 모두에게 연민을 품으시는 하늘 아버지처럼 되어야 합니다. 왜냐하면 그분은 선한 이들이나 악한 이들 모두에게 당신의 태양빛을 비추시기 때문입니다. 성인들과 죄인들 모두에게 당신의 빗물을 내려 주시기 때문입니다. 알고 있나요? 만일 여러분이 오직 여러분을 환대하는 사람들만 환대한다면 여러분은 다른 사람들과 마찬가지로 어리석습니다. 그러면 여러분은 컴퓨터일 뿐이고 기계적인 삶을 사는 거예요. 우리는 어째서 그것을 보지 못했을까요? 그것은 우리 면전에서 우리를 응시하고 있었지만 우리는 보지 못했습니다.

우리는 약물을 주입받았다

6개월밖에 안 된 유아에게 헤로인이나 다른 약물을 주사

한다고 생각해 봅시다. 이 아이에게 계속 약물을 주사하면, 시간이 지난 후 아이는 온몸으로 약물을 갈망할 것입니다. 절망적으로 약물을 갈망할 거예요. 아이는 좋은 영양분을 섭취하지 못한 채 약물로 성장합니다. 그리고 그 아이에게 약물을 주지 않으면 아이의 몸은 죽음의 고통을 겪을 것입니다.

놀랄 준비가 되어 있나요? 이것이 바로 여러분과 저, 우리 모두에게 일어난 일입니다. 우리는 어렸을 때부터 마약을 주입받았어요. 사람들은 놀이와 일과 아름다움에 담긴 건강한 자양분과 감각의 쾌락을 우리에게 주지 않았고, 나이가 들면서는 정신의 쾌락을 가져다주지 않았습니다. 그들이 우리에게 준 것은 "인정"이라는 마약의 맛입니다. "성공"이라는 마약이에요. "정상에 오르는 성취"라는 마약입니다. 지지. 성공. 승리. 그들은 우리에게 힘과 평판과 명성과 위신을 주었어요. 우리에게 마약을 주었습니다.

알고 있나요? 우리는 기분이 좋아지기 시작했어요. 사람들이 우리에게 박수 칠 때 우리는 아찔함을 느꼈어요. 우리는 유명해지고 성공적이 되며 인기를 누리는 것이 얼마나 멋진 일인지 생각하기 시작했습니다. 그러나 우리가 성장하기 시작했을 때 그들은 마음먹은 대로 우리를 통제할 수 있었습니다. 그들이 우리를 통제하는 데 필요한 모든 것은 단지 마약을 주지 않는 일이었어요.

만일 여러분이 이 과정을 거치지 않았다면 나는 경의를 표할 것입니다. 사람들이 여러분을 인정하지 않으면? 많이 불안해지고 뒤숭숭해져요. 여러분을 비난하면? 인정하지 않으면? 금단증상이 생겨요. 그래서 여러분은 안심하기 위해서 다시 굽실거립니다. 심리학자들은 이것이 일반적인 방식이라고 말합니다. 살아가는 방식이라고 그래요. 마약이 더 주입되면 더 쉽게 통제당합니다.

이렇게 마약을 주입받은 결과 여러분은 이제 사랑할 능력을 잃어버렸어요. 왜냐하면 여러분이 누군가를 **필요로 할 때** 여러분은 그 사람을 사랑할 수 없기 때문입니다. 왜 그런지 아세요? 여러분이 더 이상 그 사람을 볼 수 없기 때문이에요. 정치인이 득표를 필요로 할 때에는 사람들을 보지 않습니다. 사업가들이 이윤에 미칠 때에는 사람들이 보이지 않아요. 내가 여러분으로부터 무언가를 원할 때 나는 여러분을 보지 않습니다. 나는 여러분으로부터 무언가 빼내기를 원하죠.

하루 스물네 시간 의식적으로나 무의식적으로 우리가 주변 사람들로부터 무언가를 원한다는 것은 아주 심각한 상황입니다. 우리는 그들의 인정을 받길 원해요. 우리는 그들의 반감을 두려워합니다. 그들이 우리를 거부할 것이라는 예상에 겁을 먹어요. 그들이 우리를 어떻게 생각하는지 두려워합니다. 감정적으로 이렇게 의존적일 때 어떻게 사람들을 사랑할 수 있겠습니까?

사람들은 우리가 서로 의존해야 한다고 당당하게 말할 것입니다. 물론 우리는 서로 의지해야 해요. 사회는 그런 방식으로 성장합니다. 우리는 함께 노력하고 함께 배려합니다. 이것은 멋진 일이에요. 저는 이러한 종류의 의존에 대해서는 전혀 반대하지 않아요. 여러분이 여러분의 행복을 위해 다른 사람에게 의존하는 그곳에 폐해가 있습니다. 배우기 위해, 기술을 익히기 위해, 먹을 것을 위해 다른 사람에게 의존하는 것은 괜찮아요. 세상에서 함께 협력하는 것은 좋은 일입니다. 그러나 여러분의 행복을 위해서 다른 사람에게 의존하는 것, 그것은 악이에요. 그러면 여러분은 사랑할 수 없습니다. 나중에 시간이 있을 때 깊이 생각해 보세요.

일단 다른 사람들에 대한 의존을 멈추고, 다른 사람들의 필요성을 없애면, 처음으로 이러한 상황과 접하면 여러분은 갑자기 혼자가 되기 때문에 두려움을 느낍니다. 외롭지는 않지만 혼자예요. 이것은 생소한 느낌입니다. 계속 있었지만 전에는 보지 못했던 것을 갑자기 이해하게 됩니다. 그리고 혼자 있는 것이 얼마나 멋진 일인지, 감정적으로 다른 사람들을 필요로 하지 않는다는 것이 얼마나 좋은 일인지 여러분은 갑자기 깨닫게 됩니다. 그리고 여러분은 사람들을 사랑할 수 있다는 것을 처음으로 이해하게 됩니다.

여러분은 더 이상 사람들을 매수할 필요가 없습니다. 사람들을 조종할 필요가 없어요. 사람들에게 깊은 인상을 심어 줄 필요가 없어요. 사람들을 달랠 필요가 없습니다. 결국 여러분은 사랑할 수 있어요. 생애 처음으로 여러분은 외로울 수 없습니다. 여러분은 더 이상 외로울 수 없어요. 여러분은 "외로움"의 의미를 아시나요? 외로움이란, 사람들이 없으면 불행하다고 느낄 정도로 절망적으로 사람들을 필요로 하는 상태입니다. 외로움은 인간적 동행으로 치유되지 않습니다. 외로움은 실재와 접촉함으로써, 사람들을 필요로 하지 않는다는 사실을 이해함으로써 치유됩니다.

결국 여러분은 다른 사람들을 필요로 하지 않기 때문에 그들과 즐겁게 지낼 수 있습니다.

　더 이상 긴장도 없습니다. 여러분은 사람들과 함께 있으면서 긴장이 없다는 의미를 아십니까? 사람들이 여러분을 좋아하든 말든 전혀 신경을 쓰지 않기 때문에, 그들이 여러분에 대해 어떻게 생각하는지 전혀 관심이 없는 상태입니다. 이 말이 의미하는 바를 아십니까? 자유와 기쁨입니다. 사람들은 원하는 대로 생각할 수 있고 원하는 대로 말할 수 있습니다. 그건 다 괜찮아요. 여러분은 그들로부터 영향을 받지 않습니다. 여러분의 신체에서 마약을 없앴습니다.

　그래요. 여러분은 여전히 세상 안에 있습니다. 그러나 더 이상 세상에 속해 있지 않습니다. 사람들은 더 이상 여러분을 통제할 수 없어요. 그리고 갑자기, 여러분의 머리를 둘 곳이 없게 됩니다. 여우에게는 굴이 있어요. 새들도 보금자리가 있습니다. 그러나 여러분은 머리 둘 곳이 없어요. 왜냐하면 그럴 필요가 없기 때문입니다. 왜냐하면 더 이상 매달리지 않기 때문입니다. 이때 사랑이 시작됩니다.

버스를 탄 관광객들의 비유

묵상거리를 너무 많이 주었네요. 제가 좀 지나쳤던 것 같습니다. 우선 작은 비유를 말씀드린 다음 이야기 하나를 전해 드리면서 끝을 맺겠습니다. 제가 아는 수많은 이야기들 중에서 단 하나를 꼽으라면 이 이야기를 선택할 거예요.

관광객들이 버스에 타고 앉아 있습니다. 그들은 정말 멋진 전원 지역을 통과하고 있어요. 그러나 버스에는 커튼이 드리워져 있어서 밖을 보는 사람이 아무도 없습니다. 버스 안에 있는 사람들에 대해 어떻게 생각하십니까? 그들 중 일부는 곧 잠들었고 다른 사람들은 버스 안에서 가장 멋진 옷을 입은 사람이 누구인지에 대해 말싸움을 벌이고 있습니다. 버스에서 가장 좋은 좌석에 앉은 사람은 누구인가 하는 것도 관심거리였죠. 여행이 끝날 때까지 계속 이어집니다. 창밖의 아름다운 광경을 본 사람은 아무도 없습니다.

여러분은 대부분의 사람들이 무엇을 하며 삶을 보낸다고 생각하십니까? 다른 사람들에게 깊은 인상을 남기는 일, 바로 그것입니다. 비난받지 않도록 확실히 하는 것. 인정을 받는 것. 저는 스물네 시간 의식적으로나 무의식적으로 이러한 일에 집착하지 않는 사람들이 얼마나 되는지 의심스러워요. 아주 극소수일 것이라 생각합니다. 결론은? 아주 극소수의 사람들만이 실제로 살아 있다는 것입니다. 여러분이 이 거짓을 이해하기 전에는, 우리의 문화와 사회와 심지어 세계의 여러 종교들도 저지르는 이 거짓말을 이해하기 전에는 결코 삶을 재발견할 수 없을 것입니다.

자신을 양이라고 여겼던 사자

이제 제가 좋아하는 이야기를 전해 드리겠습니다. 양 떼 가운데서 자라난 사자 한 마리가 있었습니다. 이 사자에게는 자기가 사자라는 의식이 없었어요. 양처럼 울었고 양처럼 풀을 뜯어 먹었습니다. 어느 날 양들이 큰 숲에서 돌아다니고 있을 때 힘센 사자가 그들 무리 가운데서 포효하며 벌떡 일어섰습니다. 모든 양들은 흩어져서 도망갔어요. 양 떼 가운데서 다른 사자를 보았을 때 숲에 살던 힘센 사자가 얼마나 놀랐을지 상상해 보십시오. 그래서 숲의 사자는 양들과 있던 사자를 뒤쫓기 시작했고 그를 붙잡았습니다. 붙잡힌 사자는 밀림의 임금 앞에서 움츠러들었습니다. 숲의 사자가 물었어요. "너 여기서 뭐하냐?"

붙잡힌 사자가 말합니다. "저에게 자비를 베풀어 주십시오. 저를 삼키지 마십시오. 자비를 베풀어 주십시오." 그러자 밀림의 왕은 "나와 함께 가자"고 말하면서 그를 끌고 갑니다. 밀림의 왕은 그를 호숫가로 데려가, "보라"고 말합니다. 자기가 양처럼 보일 것이라 여겼던 사자는 난생 처음으로 물에 비친 자신의 모습을 보았습니다. 그는 자기 모습을 보았어요. 그런 다음 밀림의 사자를 보았고 물에 비친 모습을 다시 보았습니다. 그리고 웅장하게 포효했습니다. 그는 두 번 다시 양이 되지 않았습니다. 양에서 사자로 바뀌는 데 겨우 일 분이 걸렸을 뿐이에요.

어쩌면 여러분 중 한 분은 저의 강연을 통해서 우리를 구속해 온 거짓말과 조건들과 프로그램들로 구성된 연결망을 주의 깊게 살피고 꿰뚫어 보았을 것입니다. 어쩌면 여러분은 여러분 자신이 누구인지 조금 눈치를 챘을 거예요. 그렇다면 제가 했던 말은 가치가 있을 것입니다.

알려 드립니다

이 책은 뉴욕에 위치한 예수회 계열의 가톨릭 대학교인 포담 대학교의 협력으로 위성 중계된 앤소니 드 멜로 신부의 피정을 바탕으로 드 멜로–스트라우드 영성 센터에서 엮은 책입니다. 드 멜로 신부는 인도 푸나에서 사다나 Sadhana 사목상담연구소 소장으로 일했던 예수회 회원으로 그의 저서들은 여러 나라와 언어권에서 베스트셀러가 되었습니다. 그의 작품들은 동양 지혜의 일부 긍정적인 요소들을 담고 있고 그리스도교 영성의 테두리 안에 자리 잡고 있지만, 교황청 신앙교리성은 1998년 6월 24일 공지를 통해 드 멜로 신부의 저작들 중 초기 작품에 나타난 몇몇 표현과 후기 작품의 일부 사상(예를 들면 종교와 종교 경전에 대한 지나친 비판적 견해, 철저한 부정신학적 견해 등)이 가톨릭 신앙에 부합하지 않을 수도 있다는 우려를 표명하였음을 알려 드리니 참고하시기 바랍니다.